김순정의 발레 인사이트

로맨틱 발레에서 현대 발레까지

김순정 지음

씨네스트

차례

프롤로그

내 삶에서 처음으로 감동을 받은 춤은 발레가 아닌 궁중무용이었습니다. 기억에도 흐릿한 흑백 TV에서 본 궁중무용 '포구락'. 유희본능을 자극하는 춤과 움직임, 연극적 장치에 어린 나는 숨이 멎는 듯했습니다. '저게 뭘까?' 궁금했지요. 얼마 뒤에는 코미디언 곽규석과 가수 이금희가 나와 노래하고 춤추는, 뮤지컬 〈신데렐라〉를 보고 또 마음을 빼앗겼습니다. 자유자재로 연기하며 노래하는 모습에 아마 해방감을 느꼈나 봅니다. 어느 날 남산에 새로 생긴 어린이 회관에 갔는데 어머니가 무용실 회원권을 끊어 주셨습니다. 어릴 때부터 포즈가 예사롭지 않고 음악이 흘러나오면 즉흥적으로 춤을 추는 모습을 눈여겨봐 오셨다고 합니다. 13층에 있는 무용실에서 한국무용, 발레, 현대무용을 동시에 배우기 시작했습니다. 한 번도 본 적이 없던 발레를 처음 만나는 순간, 발레는 내 마음을 단번에 사로잡았습니다. 몸을 움직이는 방법과 매너가 다른 무용과는 사뭇 다르게 다가왔고 무엇보다 피아노 반주음악에 맞춰 몸을 움직이는 것이 좋았습니다. 시작하고 3개

생애 첫 무대에 선 필자, 남산 어린이회관 무지개극장 1970

월째인 12월, 어린이회관 무지개극장에서 첫 공연을 하였으니 1970년에 무용을 시작해 2020년이 될 때까지 감사하게도 50여년을 무대에서 살아오고 있습니다.

《김순정의 발레 인사이트》가 출간되는 것은 나에게 큰 기쁨입니다. 여기에 실린 25편의 발레작품은 작품연구이기도 하지만 삶의 기록이기도 합니다. 발레와 삶 어느 것도 녹록치 않았기에 부족하지만 솔직하게 이런 글을 쓸 용기가 났는지 모릅니다. 발레와 함께 살아오는 동안 인생의 목표는 '발레를 위한 삶'에서 '삶을 위한 발레'로 바뀌어 왔습니다. 내가 만났던 수많은 발레작품들은 무대에서만이 아니라 생활 속에서도 연인처럼 다정하게 말을 걸어왔고 때론 심각하게 질문하였으며 생각지도 못하던 답을 알려주었습니다. 또한 오랜 기간 무대에

김순정의 발레
인사이트

국립발레단 주역으로서의 마지막 무대. 돈키호테 전막 중 1막 키트리 역의 필자 .국립극장, 1991

서 춤을 추고 작품을 만들면서 고민하던 것을 기록하고 싶었습니다. 무엇보다 가르치는 동시에 배우는 학생의 자세로 지금도 호기심을 잃지 않고 사회와 예술 전반에 대해 알고자 노력한 흔적이기도 합니다.

1999년 러시아 유학을 가서 모스크바의 중고서점을 둘러보고는 큰 충격과 함께 부끄러움을 느꼈습니다. 예술가들의 저술도 많아서였지만 발레와 관련된 저술의 방대함에 기가 눌려버렸습니다. 조금이라도 가치가 있다고 여겨지는 것이면 모조리 기록으로 남기는 문화는 특히 놀라웠습니다. 소련 시절 출판된 발레사전에서 스승이신 임성남 선생님에 관한 기록도 찾아 볼 수 있었습니다. 국립발레단 설립부터

김순정 발레단 <눈의 여왕>, 안무 김순정,
핀란드의 지혜로운 여인(김순정), 게르다(박지원), 서초문화예술회관, 2018.5.4 (사진 김정환)

발레와 함께하는 신년음악회(동해문화예술회관) 리허설 후
성신여대 연습실에서. 2020. 1. 19

김순정의 발레
인사이트

30년을 이끌었던 임성남 선생님에 관한 역사를 젊은 무용학도나 무용가들조차 잘 모르는 우리 현실이 안타까웠습니다.

요즘은 발레에 관련된 책들이 많이 나오고 있지만 내가 어릴 때에는 읽고 싶어도 읽을 책들이 별로 없었습니다. 대학, 대학원 시절에는 한정되긴 했지만 국내에 수입된 몇 권의 원서를 어렵사리 구해 읽거나 외국에 나가는 지인에게 부탁해서 필요한 책들을 구해 읽었습니다. 이제는 그 모든 것을 클릭 몇 번으로 해결하는 세상이 되었습니다만 그럼에도 예술가들의 진솔하고 생생한 육성이 담긴 글을 무척이나 찾아서 읽고 싶었습니다. 이런 맥락에서 내 경험에서 얻은 것들도 함께 나누어야겠다는 생각이 들었고 4년에 걸쳐 서울문화투데이에 연재된 글들을 모아 분류하고 지금 시점에 맞도록 수정보완을 하였습니다. 이 책에서는 로맨틱 발레부터, 고전발레, 현대발레에 이르기까지 그리고 한국 창작발레 시도를 위한 1980년대 국립발레단의 작품까지 다루었습니다.

모든 것이 빠르게 변화하는 요즈음에도 오랜 역사를 지닌 발레가 지니는 가치는 더욱 새롭게 빛나고 있습니다. 발레를 좋아하는 사람들이 점점 늘어나고 무용수가 아니어도 발레를 배우고 즐기는 사람들도 많아졌습니다. 현대의 발레는 끊임없이 진화하고 있습니다. 고전작품들도 새로운 감각으로 재창조되어 세계 각국 무대에 오르고 있으며 이를 바탕으로 혁신적인 안무가들을 통해 발레의 경계가 과연 어디일까를 생각하게 하는 창의적인 예술작품들이 만들어지고 있습니다. 이렇듯 전통이란 그 자리에 머물러 있는 것이 아니라 끊임없이 역동적으로 움직이는 가운데 형성되는 것이라고 생각합니다. 이 책을 통해 오래 될수록 빛을 발하는 보물과도 같은 발레 예술의 세계로 즐겁게 한 걸음 더 다가설 수 있기를 바랍니다.

누구나 쉽게 읽을 수 있는 글을 쓰고자 했지만 마음과 달리 부족함만 가득합니다. 그럼에도 내 영혼에서 흘러넘치는 발레에 대한 사랑만은 많은 분들의 마음에 가 닿을 것이라고 믿고 있습니다.

성신여대 미아운정그린캠퍼스 P동 901호에서

2020년 5월

김순정

김순정의 발레
인사이트

Ballet

1장

환상과 신비

로맨틱 발레

∙
∙
∙

라 실피드 / 지젤 / 파 드 캬트르

해적 / 코펠리아 / 고집쟁이 딸

로맨틱 발레는 19세기 초 낭만주의 시대에 서유럽에서 만들어진 발레를 일컫는다.
'발레 로망띠끄(ballet romantique)'라고도 한다.
현실보다는 환상과 신비의 가치를 추구해 사랑 이야기 같은 서정적인 내용을
주로 담고 있다.
토슈즈를 신고 발가락 끝으로 수직이 되게 서는 '쉬르 레 뿌엥뜨(sur les pointes)',
여성 솔리스트와 남성 솔리스트의 2인무인 파 드 되 (Pas de Deux)가
이때 시작되었고 '튀튀(tutu)'도 등장했다.
로맨틱 발레는 1870년 무렵 쇠퇴했는데, 그것은 발레의 중심지가 프랑스에서
러시아로 옮겨가는 계기가 되었다.
〈라 실피드(La sylphide)〉와 〈지젤(Giselle)〉 등이 로맨틱 발레의 대표적인 작품이다.

라 실피드

찰나적이며 잡을 수 없는 자유로운 존재

실피드는 공기air의 정령이란 뜻이다. 19세기 초반 프랑스 낭만주의자들은 고딕예술의 비현실적, 초월적 신비에 끌렸는데 공기의 정령이라 불리는 실피드가 덧없지만 자유롭고 독립적인 존재라는 환상을 보여준다고 생각했다.

또한 스코틀랜드 고지대의 킬트문화 전통도 그러하다고 봤다. 킬트란 남자들이 착용하는 전통의상으로 허리에서 무릎까지 내려오는 스커트 형태이다. 잉글랜드에 끊임없이 대항했던 의지와 끈기를 지닌 스코틀랜드인의 기질 역시 프랑스에게 있어서는 호기심과 경외의 대상이었기 때문이다. 이 요소들을 두루 엮어 만든 발레작품이 바로 1832년 파리에서 초연된 〈라 실피드〉이다.

〈라 실피드〉는 발레 하면 떠오르는 이미지인 발끝으로 서서 추는 춤point work과 하늘을 날아다니게 해주는 와이어wire를 시작한 작품이

기도 하다. 뿌엥뜨라는 획기적인 기법과 와이어를 통해 하늘에서 사
뿐히 땅으로 내려오는 듯 천상의 이미지를 획득하여 발레사(史)에 있
어 그 누구도 침범할 수 없는 성역과도 같은 자리를 차지한 발레리나
는 마리 탈리오니(1804~1884)다.

안무가이자 탈리오니의 부친인 필립포 탈리오니는 오랜 기간에 걸
쳐 딸 마리 탈리오니에게 하루 6시간의 강도 높은 연습을 시켰다. 오
전 2시간, 오후 2시간, 자기 전 2시간으로 나누어 연습을 시킨 것을 보
면 나름 과학적이고 체계적인 훈련법을 적용한 듯하다. 그 결과 강인
한 근력에서 나오는 가벼움은 타의 추종을 불허했다. 몸이 가볍다고

실피드역 마리 탈리오니, 1832

실피드 역 마리 탈리오니와
제임스 역 마질러의 의상

자유자재로 춤을 출 수 있는 것은 결코 아니다.

　근력이 없으면 탄력과 역동성도 생겨날 수가 없다. 마리 탈리오니는 볼품없이 마르고 등도 구부정해서 이전에는 별로 주목받지 못하는 무용수였지만 훈련에 의해 가벼움과 더불어 특유의 기품과 우아함을 지니게 되어 당시의 이상적 여성상으로 받아들여졌고 최고의 인기를 한 몸에 받는 행운을 누리게 되었다.

　남자 주인공 제임스는 눈앞에 나타났다가 어느 순간 사라지는 실피드를 영원히 곁에 머물게 하고 싶은 욕심에 마녀가 제안한 마법의 스카프를 사용해 그녀를 사로잡으려 한다. 그러나 잡았다고 생각한

김순정의 발레
인사이트

제임스의 약혼녀,
에피 역 노블레의 의상

바로 그 순간 날개는 힘없이 떨어지고 실피드는 제임스의 눈앞에서 맥없이 숨을 거두고 만다. 지상을 떠나 가벼워지고 싶은 인간의 욕망은 날아다니는 실피드를 무대 위에 창조해냈다.

그러나 인간의 소유욕으로 인해 자유롭고 독립적인 실피드는 생명을 잃고 만다. 요즈음 사랑이란 이름 아래 벌어지는 억압과 폭력을 보면서 〈라 실피드〉의 결말을 떠올렸다. 연인에게도 부모 자식 간에도 해당되는 일이다.

러시아 유학시절인 2000년대 초반 레퍼토리 수업시간에 1980년
대 볼쇼이발레단의 뮤즈였던 알라 미할첸코로부터 〈라 실피드〉에 나
오는 주요 춤들을 배울 기회가 있었다. 미할첸코는 평소 도도하고 차
갑게 보이던 모습과 달리 하나하나 친절하게 설명을 해주며 시범을
보여주었다. 그중 깨끗한 샘물을 두 손에 담아 제임스에게 마시게 하
는 장면이나, 잡으려 하나 잡히지 않는 실피드와 제임스의 시계부품

김순정발레노마드 〈라 실피드〉 중 2인무 실피드-김나연, 제임스-이상섭 혜원여고에서,
2015

김순정의 발레
인사이트

처럼 정교하게 사랑의 느낌을 잘 표현한 2인무 안무구성과 음악의 조화는 참으로 싱그러웠다.

2015년 문화예술위원회가 지원하는 학교순회사업 신나는 예술여행에 선정되어 "김순정 발레 노마드"라는 프로그램으로 혜원여고를 비롯한 각 지역 초,중,고 9개 학교로 찾아갔다. 강당, 체육관, 음악당 등에서 공연 및 해설을 하면서 바로 〈라 실피드〉의 2인무를 선보일 기회를 가졌다.

발레를 처음 접한 어린 학생과 교직원들 모두 실피드와 제임스가 보여주는 사랑과 소유에 대한 이야기 그리고 인간이 도달할 수 있는 가벼움에 놀라워하며 환호와 박수를 보냈다. 로맨티시즘Romanticism 발레 〈라 실피드〉는 지금도 여전히 진지하고 깊이 있는 정서적 체험을 만끽하게 해주는 뛰어난 작품이다.

지젤

꽃잎 점을 치는 순백의 영혼

봄이 되면 내가 근무하는 성신여대 운정캠퍼스 뒷산인 오패산에 벚꽃이 흐드러지게 피어난다. 그리고 그 사이로 뚝뚝 떨어져 내리는 목련을 보면 지젤이 떠오른다. 목련의 처연한 흰 꽃잎은 지젤의 휘날리는 긴치마(로맨틱 튀튀)를 닮았다. 깨끗하고 부드러운 지젤의 순백 이미지는 누구라도 거부하기 힘든 매력을 지녔다.

중학 시절인 1975년 장충동 국립극장 지하 연습실에서 우연히 국립발레단 〈지젤〉 리허설을 보게 되었다. 그날은 지젤 역 진수인과 알브레히트 역 이상만의 연습 일정이 있었다. 자신이 연인으로부터 버려졌음을 알게 된 지젤이 정신이 반쯤 나간 채로 주저앉아 예전에 그랬던 것처럼 사랑의 꽃잎 점을 치는 장면이었다.

짝수로 떨어지면 사랑이 이루어지고 홀수라면 사랑이 깨진다는 꽃잎 점. 당시 중학생이던 내겐 춤을 잘 추는 것보다 이 장면의 연기가

김순정의 발레
인사이트

지젤 - 갈리나 울라노바, 볼쇼이 발레단

가장 중요해 보였다. 초점 없는 멍한 눈빛의 지젤과 그녀를 애처롭게 내려다보는 알브레히트의 표정을 보며 나도 모르게 눈물을 흘렸던 기억이 있다.

한국인이 가장 사랑하는 발레 작품의 하나로 지젤이 손꼽힌다. 1841년 파리오페라극장에서 초연된 지젤은 프랑스 로맨티시즘을 집약한 작품이다. 파리에서는 반 년 뒤 잊혀지고 1924년 재상연까지 80년간 상연되지 않았다. 하지만 초연 이후 영국, 덴마크, 러시아에서는 인기리에 상연되었다. 아돌프 아당(1803~1856)의 뛰어난 음악은 이후 차이코프스키의 음악으로 이어지는 발레음악 계보의 선두에 서게 되었다.

〈지젤〉은 음악의 아름다움 외에도 첫 주역을 맡았던 카를로타 그리시의 테크닉과 마임(극적 연기), 시적이며 연극적인 장 코랄리와 쥘 페로의 안무 등 삼박자가 맞아떨어져 획기적인 성공을 이루었다. 지젤 역을 맡기 위해서는 춤과 마임에 능해야 하는데 이는 프리마 발레리나의 필수조건이기도 하다. 내가 본 최고의 지젤로는 린 세이모어 (1939~)가 있다. 마고트 폰테인의 대중적 명성에 가린 면도 있지만 그녀는 영민하게 작품을 해석할 줄 알았던 특출한 무용가로 기억된다.

대학시절에는 〈지젤〉 등 발레 작품의 비현실적인 스토리가 영 마음에 들지 않아 한때 발레에서 멀어지기도 했다. 그렇지만 뒤늦게 발레 작품들이 당시의 사회상을 리얼하게 혹은 상징적으로 담아내고 있

지젤 - 안나 파블로바, 런던, 1924

다는 사실을 알게 되었다. 좁은 소견으로 하마터면 좋아하는 발레를 영영 잃을 뻔했던 것이다. 로맨티시즘 시대에 살았던 사람과 현재의 사람들이 외관은 달라졌어도 원형질 그대로라는 것을 깨달았다.

신분을 속이고 시골 처녀 지젤에게 사랑을 약속한 귀족 청년 알브 레히트 앞에 예기치 않게 약혼자인 바틸드 공주 일행이 나타난다. 당 황한 알브레히트는 바로 지젤을 외면하고 한때의 불장난이었다는 듯 한 표정을 짓고 사랑의 약속을 잊은 듯이 행동한다.

2003년 가을 유니버설 발레단의 문훈숙 단장이 내게 약혼녀 바틸 드 공주 역을 제의했고, 그 후 바틸드로 유니버설발레단 무대에 몇 번 선 적이 있다. 당시의 지젤은 문훈숙 단장의 세심한 지도로 급부상하

1. 알브레히트 - 니진스키, 지젤 - 카르사비나, 파리, 1911년
2. 지젤 - 라이사 스트루치코바, 볼쇼이 발레단

고 있던 김세연과 황혜민이었다. 무대에서 바틸드가 되어 지젤을 바라보니 이전의 〈지젤〉이 사뭇 다른 느낌으로 다가왔다.

누구라도 아당의 음악을 들으면 1막에서는 프랑스 혁명 이후 발레에서 나타나기 시작한 전원풍경이나 사실적인 정경을, 2막에서는 로맨틱 발레의 표상인 새하얗고 몽환적인 느낌, 윌리(정령)들이 전개하는 초현실적 세계를 머릿속에 그릴 수 있다. 특히 군무 그리고 남녀 주인공의 파 드 되(2인무)와 솔로가 적절한 균형을 이루는 2막을 보다 보면 내 몸도 가볍게 느껴진다. 이유는 바로 포인트슈즈, 즉 토슈즈 기법의 신비로움이 뒷받침하고 있기 때문이다.

발레의 상징이랄 수 있는 이 기법에 통달하기 위해 전 세계의 여성

알브레히트 - 마리스 리에파,
지젤 - 예카테리나 막시모바,
볼쇼이 발레단

김순정의 발레
인사이트

지젤 - 마리나 칸드라체바, 볼쇼이 발레단

발레무용수들은 지금 이 순간에도 고된 연습을 거듭하고 있다. 봄날 작은 바람에도 흩날리는 꽃잎처럼 곧 사라져버릴 운명을 알면서도 말이다.

파 드 캬트르

예의를 갖춘 우아한 전투

서양무용의 역사에서 최초로 전문무용수로 여성이 등장한 것은 1681년 프랑스에서 였다. 하지만 이후 상당 기간 동안 여성무용수의 존재는 여전히 미미했다. 아마도 지나친 남성 중심의 사회가 가져온 폐단 중의 하나 일 것이다.

그렇기 때문에 아이러니하게도 18세기는 위대한 남성 무용수들의 세기로 불렸는데, 무거운 머리의 가발과 치렁치렁한 치마를 끌며 춤을 추어야 했던 여성무용수에 비해 자유롭게 다리를 드러내며 테크닉을 보일 수 있었던 남성무용수의 활약이 두드러질 수밖에 없었기 때문이다. 그리고 이 시기에 이루어진 두드러진 특징 중 하나는 발레의 전문화가 도래한 것이었다.

그리고 프랑스 혁명(1789년~1794년) 이후 불어 닥친 로맨티시즘 운동의 영향을 받은 발레는 움직임이나 형식 또는 안무를 중시하는 아

김순정의 발레
인사이트

카데믹한 전통보다는 대본을 중시하며 인물과 이야기를 충실하게 표현하는 방향으로 전개되었다. 표현 기법, 의상, 무대 장치, 조명이 발달하게 되었고, 상징적인 존재로서의 여성인 발레리나가 매우 중요해졌다.

로맨티시즘을 대표하는 작품으로는 체사레 푸니의 음악에 쥘 페로가 안무한 디베르티스망[1] 〈파 드 캬트르〉(1845년 초연, 파리)가 있다. 당시의 안무 장면이 석판화로 남아 있는 〈파 드 캬트르〉는 발레에 대한 감각적 여성취향을 고스란히 보여준다, 로맨티시즘의 황금시대에 활동한 여성무용가들에 대한 존중과 환상까지 포함하여.

알고 보면 로맨틱 발레는 아름답고 기량이 뛰어난 발레리나 간의 불꽃 튀는 적의와 치열한 경쟁을 통해 이루어졌다. 통상적으로 라이벌이라면 두 사람을 의미하는데, 당시에는 마리 탈리오니, 루실 그란, 카를로타 그리시, 파니 체리토 네 명의 발레리나들이 치열하게 각축전을 벌이며 서로 라이벌이 되었다. 탈리오니의 위험한 라이벌로 불린 화니 엘슬러까지 더할 수 있다. 확실한 우위를 가리기 힘들 정도로 뛰어난 재능을 가진 발레리나 5명이 함께 인기를 누린 예는 무용사에서 더 찾아볼 수가 없다.

허 마제스티Her Majesty 극장의 극장장 벤자민 럼리는 다른 네 명과는 개성이 많이 다른 엘슬러를 제외하고 네 명의 무용수를 한 무대에 세우고자 했고 그것의 실행을 쥘 페로에게 맡겼다. 〈지젤〉을 안무한

1) '심심풀이, 오락'이라는 뜻의 프랑스어이다. 무용극의 줄거리와는 상관없는 무용의 모음 곡 또는 소품집으로 구성되어 있는 작품 또는 작품의 한 부분을 일컫는다.

줄 페로는 〈파 드 캬트르〉로 당대 최고의 발레리나들을 한 무대에 세우고자 구성에 심혈을 기울였다. 어느 누구도 다른 이보다 튀어서는 안 되고 또 뒤져서도 안 되며 각자가 지닌 특수한 기량을 동등하게 과시하게끔 적절하게 균형을 맞추어 내야만 했다.

한 국가를 통치하는 것이 뛰어난 발레리나들을 한 무대에 세우는 것보다 쉬운 일이라 여길 정도였다. 일반인은 이해하기 힘들겠지만 지금도 예민한 무용수들은 무대에 누가 가장 먼저 등장하고, 누가 가장 나중에 인사를 하는가에 신경을 곤두세운다.

누군가 묘안을 냈다. 나이 역순으로 한다고 했더니 다들 겸손해지며 자신을 내세우지 않았고 안무는 순조롭게 진행이 되어 지금 우리

1. 줄 페로, 1850
2. 발레리노 시절의 줄 페로

김순정의 발레
인사이트

〈파 드 캬트르〉에서 함께 무대에 오른 루실 그란(Lucile Grahn, 오른쪽 뒤),
카를로타 그리시(Carlotta Grisi, 왼쪽 아래), 파니 체리토(Fanny Cerrito, 오른쪽 아래),
마리 탈리오니(Marie Taglioni, 가운데), 1845

가 볼 수 있는 디베르티스망, 4인무가 창조될 수 있었다. 연장자는 탈리오니, 그리시, 체리토, 그란 순이었다. 따라서 탈리오니가 가장 뒤에 나오게 되었다. 서로를 존중하고 예의를 갖추어 인사하며 퇴장할 때에도 격을 갖추며 사라진다. 하지만 춤을 추는 동안에는 자신이 최고의 무용수임을 증명하듯 자신이 지닌 기량을 최대한 보여주었다.

〈지젤〉의 주인공이자 이탈리아인 그리시는 절묘하게 숙달되어 가볍고 사라질 듯한 발놀림을 보이며 일련의 훼떼로 끝을 맺는다. 역시 이탈리아인인 체리토는 경쾌한 왈츠를 추면서 다양한 균형과 발의 귀

김순정의 발레
인사이트

족적인 배치를 보여주었다. 덴마크인 그란은 부르농빌의 제자답게 도약하는 회전동작과 정교하게 발을 교차하며 부딪치는 기교에 능했다.

마지막으로는 〈라 실피드〉의 주인공으로 유명한 탈리오니가 등장하여 안정성, 가벼움, 도약 능력의 우수함을 입증하였다. 그녀의 긴 팔이 그려내는 아라베스크 포즈는 절묘했다. 마지막 장면에서 발레리나 4명이 모두 나와 크고 매혹적인 도약과 에샤뻬가 이어지고 맨 처음 위치로 가서 끝맺음을 하게 된다.

요즈음도 〈파 드 캬트르〉는 자주 공연되곤 한다. 하지만 이 작품이 지닌 최고의 테크닉과 더불어 필수불가결한 라이벌의식의 요소가 들어가지 않는다면 당장에라도 맥 빠지는 낭만주의풍 아류 발레로 격하되고 만다.

5월의 정동을 추억하며

한국 최초의 예술중학교인 예원학교는 지금도 정동에 위치하고 있다. 내가 다닐 때의 교장은 지휘자 임원식(1919~2002) 선생님이었다. 오월이면 교정에는 붉은 장미가 만발하고, 풀밭 위에서는 음악과 학생들의 오케스트라 연주가 어우러졌다.

그 음악에 맞춰 무용과 학생들은 임성남 안무의 발레를 선보이곤 했다. 교실 창 밖 가까운 언덕 위로는 구한말 러시아 공사관의 일부였던 아름다운 자태의 하얀 탑이 보였다. 탑은 아련하게 나를 손짓하는 것처럼 느껴지기도 해서, 그 쪽을 바라보는 것이 꺼려지는 때도 있었다. 우크라이나 태생 러시아 건축가 아파나시 사바틴(1860~1921)이 설계한 이국적인 하얀 탑은 그 시절 내게 가장 인상적인 풍경이었다.

30년이 흐른 후, 러시아유학에서 돌아온 후에야 비로소 그 곳에 올라가 보게 되었다. 을미사변이 있은 후 신변의 위협을 느낀 고종이

김순정의 발레
인사이트

구한말 러시아 공사관 탑의 현재 모습, 2019

피신해 1년간 머물렀던 러시아 공사관. 아관파천의 슬픈 역사적 현장이었다. 해방 후 소련 영사관으로 사용되기도 했던 그 곳은 한국전쟁으로 소실되어 탑과 지하 2층만 남아 있던 것을 현재의 모습으로 복원했다.

복원한 그때가 바로 내가 예원학교에 입학하던 해인 1973년이었다. 고종의 총애를 받았던 아파나시 사바틴이 설계한 러시아 공사관의 흔적은 비록 일부만이 남아있지만 당시 미국, 영국, 프랑스, 독일의 공사관들에 비해 건물규모와 대지면적에 있어 압도적인 위용을 드러냈음을 자료와 사진을 통해 알 수 있다.

예원학교 근처에는 영국문화원이 있었다. 귀한 발레필름 상영을 가끔 했는데, 구 소련 키로프발레단(현 마린스키발레단) 출신으로 서방에 망명한 발레리노 루돌프 누레예프(1938~1993)의 모습도 처음 만나게 되었다. 세기의 커플이라 불리던 누레예프와 마고트 폰테인이 출연하는 〈해적〉 중 2인무였다.

고양이와도 같이 사뿐거리며 밟아나가는 누레예프 특유의 걸음걸이는 그 자체로 매혹이자 전율이었다. 또한 누레예프의 그랑 쥬테(큰 점프 동작)는 포물선을 그리며 순간 공중에 머무르곤 했다. 공중에서 안정성을 지닌 자세를 취하는 것이 무용수의 궁극적인 목표라고 19세기 초반 카를로 블라시스는 강조했다. 공중에 매달아놓는 조각도 아닌 살아있는 신체가, 그것도 춤추는 몸이 가능한 목표일까 늘 의문이 들었는데 누레예프를 보면서 실감할 수 있었다.

그리스 해안을 배경으로 한 발레 〈해적〉의 2인무에서 보게 된, 절묘하게 양성적 매력을 다 지닌 타타르계 발레리노 누레예프의 걸음걸이와 움직임은 그렇게 어린 시절 한 편의 기억을 지배했다.

〈해적〉을 보며 묘했던 것은 남녀주인공인 메도라와 콘라드가 2인무를 추지 않고 메도라와 알리가 함께 춘다는 것이다. (메도라, 콘라드, 알리의 3인무로 추는 경우도 있음) 메도라는 그리스 여인, 콘라드는 터키에 대항하는 해적 수령, 알리는 콘라드의 충실한 하인 역이다.

누레예프나 젤렌스키, 루지마토프 등 최고의 남성무용수들이 콘라드가 아닌 알리 역을 맡아 메도라와 춤을 추는데 정작 알리는 원작에 나오지 않는 인물이다. 바이런 원작에서의 메도라는 출정한 콘라드를 기다리다 그가 사망했다는 말을 듣고 목숨을 끊으며 메도라가 죽은 걸 안 콘라드는 방랑의 길을 떠난다는 결말이다.

김순정의 발레
인사이트

해적 2인무 - 루돌프 누레예프와 마고트 폰테인, 1962

발레작품의 제목이 〈해적〉이라는 것만으로도 색달랐던 그 작품은 이후 전막 발레를 보거나 직접 출연을 하면서도 내용이 잘 이해가 되지 않았다. 국립발레단을 사직하고 청주대학교 교수로 재직할 때 국립발레단(예술감독 김혜식) 〈해적〉(1994년 국내초연) 공연에 객원 솔리스트로 출연을 했다. 노예시장에 팔려온 알제리 여인 역이었다.

항상 비슷한 고전발레의 주역에서 벗어나 새롭고 개성 넘치는 역할을 춤춘다는 설렘과 기쁨이 있었다. 모스크바 스타니슬라브스키발레단의 스베틀라나 최가 메도라 역을 맡았고 그의 남편 바딤 테제예프는 발레 마스터로 오게 되었다. 그것도 인연인지 몇 년 후 우리는 모스크바의 '스타니슬라브스키와 네미로비치 단첸코극장'에서 재회하

루돌프 누레예프와 마고트 폰테인

였고 그들과 함께 같은 클라스에서 연습을 하곤 했다.

발레 〈해적〉은 36세에 드라마틱한 짧은 생애를 마친 영국의 대표적 낭만파 시인 바이런의 서사시를 대본으로 한다. 영국을 떠나 그리스의 독립의용군을 돕기도 한 바이런은 위선적인 사회에 증오를 드러냈는데 〈해적〉을 위시한 많은 작품에서 발견할 수 있다. 〈해적〉의 무대가 되는 에게해의 해적은 우리가 흔히 생각하는 무법자 해적이 아닌 독립을 원하는 게릴라의 일원으로 보는 것이 맞다.

터키의 오랜 지배에서 벗어나려는 그리스에서 독립을 원하는 해적들의 무용담을 담은 발레작품은 유쾌한 소동극을 보는 것처럼 시종일관 밝고 아름다운 춤과 장면으로 가득하다. 너무 활기차서 한편으로는 나라를 빼앗긴 설움을 노예로 팔려가는 여인들을 통해서만 겨우 엿볼 수 있다는 것이 아쉽게 느껴진다.

코펠리아
교감을 나눌 누군가가 필요해

한때 나는 〈코펠리아〉 1막에 나오는 밀이삭의 춤을 몹시 추고 싶었다. 춤도 춤이지만, 그 장면에서 흐르는 숨 막히게 아름다운 바이올린 반주 음악 때문이었고, 뒤이어 나오는 슬라브 민요의 베리에이션까지 모든 것이 나의 마음을 움직였다.

밀이삭을 귀에 대고 흔들며 연인이 사랑을 확인하는 짧은 2인무는 나와 인연이 없는지 춤출 기회가 주어지지 않았다. 그럼에도 그 순간의 춤과 음악은 아직도 머릿속에 생생하다.

서울예고 재학시절 국립발레단의 〈코펠리아〉 공연에 객원무용수로 출연하면서 흥겨운 각 나라의 캐릭터 댄스(민속춤)에 매료되었는데, 그 이유 역시 감미로운 음악 때문이었다.

발레교수법 책을 읽다가 "무용수와 춤은 음악과 결혼했다"라는 구절을 만났을 때, 〈코펠리아〉의 기억이 떠올랐다. 클래식발레에서 음

악은 떼어낼 수 없는 필수 불가결한 존재이다. 폴란드의 춤 마주르카
와 헝가리의 춤 차르다시 군무가 펼쳐지는 발레 〈코펠리아〉의 안무자
는 민속춤에 폭넓은 지식을 가졌으며 바이올린 주자이기도 했던 생
레옹(1821~1870)이다.

생 레옹은 발레를 위해 직접 작곡을 하고, 시나리오 작업도 했으
며, 춤도 추고, 연주도 한 비범한 예술가였다. 춤의 신으로 일컬어지는
니진스키의 황실발레학교에서의 음악성적이 최상위였다는 기록도
있다.

우리나라의 한성준은 한국춤을 집대성한 위인이자 피리의 명인이
고 북의 고수였으며, 최현은 춤과 함께 장구와 구음 소리가 일품이었
던 것을 생각해보면 춤에 능한 동서양의 예술가들이 음악에도 능함은

결코 우연이 아니다. 춤과 음악은 늘 한 몸으로 움직였다.

〈코펠리아〉는 침체되어가던 발레를 부흥시키고자 3년이란 기록적인 창작기간을 거쳐, 1870년 5월 25일 파리 오페라극장에서 첫 선을 보인 작품이다. 하지만 그마저도 단독 상연되지 못한 채 베버의 오페라 〈마탄의 사수〉가 상연된 후에 초연되는 슬픈 역사를 지녔다.

그해 7월 프로이센과 프랑스 간에 전쟁이 시작되어 8월 오페라극장은 문을 닫았으며 안무가 생 레옹은 곧이어 심장 발작이 와서 아깝게도 49세에 생을 마감했다.

전쟁이 끝난 후인 1871년 〈코펠리아〉 재연이 이루어졌을 때는 프

스와닐다 역의 15세의 주세피나 보차기의 사진과 그녀를 그린 그림, 1870

김순정의 발레
인사이트

44세의 생 레옹, 1865

랑스뿐 아니라 세계 각국의 무대에 오르게 되며 인기를 끌게 되었다. 〈코펠리아〉가 오늘날까지도 끊이지 않고 상연이 되는 이유에는 춤과 음악(레오 들리브 작곡)에 통달하여 이를 절묘하게 조화시킨 안무자, 생레옹의 재능이 분명히 있을 것이다.

발레 〈코펠리아〉는 에른스트 호프만의 〈모래 사나이〉를 원전으로 하였으며, 에나멜로 칠한 푸른 눈의 인형 올랭피아를 주인공으로 하여 재구성한 것이다. 인형 코펠리아를 사람이라 믿고 싶은 코펠리우스는 자신과 교감을 나눌 누군가를 직접 만들어내려는 꿈을 가진 인물이다. 피그말리온 신화를 비롯해 오래 전부터 인간이 품어 온 내밀한 욕망이 〈코펠리아〉에 투영되어 있다.

영리하고 활달한 성격의 여주인공 스와닐다는 인형인 코펠리아에 흠뻑 빠져있는 프란츠를 구해내기 위해 용기를 내 코펠리우스의 집에 잠입한다. 그리고 마침내 코펠리아가 사람이 아니고 자동인형이란 사실을 밝혀내면서 연인인 프란츠를 현실로 돌아오게 하는 내용이 2막에 담겨있다.

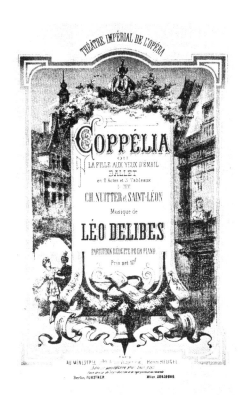

<코펠리아 또는 푸른 눈을 가진 처녀> 초연을 알리는 황실극장 광고

　　3막에서는 놀림을 받고 꿈을 잃은 코펠리우스의 존재는 잊히며 결혼식과 함께 마을광장에서 축제가 벌어지는데 주인공들의 2인무는 물론이고 시간의 춤, 새벽, 기도, 평화의 춤 등의 솔로와 군무가 일품이다.

　　안나 파블로바 순회 발레단의 레퍼토리로 사랑받은 <코펠리아>에서는 역시 활달한 성격이었던 안나 파블로바가 스와닐다 역으로 춤추었고 발레 뤼스2)의 작품에서는 알렉산드라 다닐로바가 완벽한 스와닐다로 유명세를 떨쳤다.

발레 〈코펠리아〉는 춤과 음악의 조화가 더할 나위 없이 아름답고, 다양한 춤을 보여주면서도 단순히 기교에 빠지지 않는다. 그래서 더욱 매력적이다.

---

2) 1909년 세르게이 디아길레프(Sergei Diaghilev)가 프랑스 파리에서 조직한 발레단. 미하일 포킨(Michel Fokine)과 안나 파블로바(Anna Pavlova), 바츨라프 니진스키(Vatslav Nizhinskii) 등이 참여했다. 1929년 세르게이 디아길레프(Sergei Diaghilev)가 세상을 떠난 뒤 해체되었다.

고집쟁이 딸
치킨 댄스와 나막신의 등장

프랑스 시민혁명은 1789년에 일어났다. 같은 해, 2막 3장으로 초연된 〈고집쟁이 딸〉은 장 도베르발(1742~1806)의 안무로 보르도 대극장Grand Theatre de Bordeaux에 올려졌다. 남자 주인공 콜렌(콜라스)은 도베르발이 직접 맡았다. 1791년 런던의 판테온 극장 여주인공 리즈는 테오도르(도베르발의 아내), 콜렌은 디드로, 부잣집 덜 떨어진 아들 알랭은 비가노가 맡아 출연했다.

이 무대는 당시 안무가 도베르발과 함께 활동한 당대 최고의 무용가들이 모인 경연장이었다.

스웨덴 출생 프랑스 국적의 샤를 디드로는 러시아 발레의 기초를 다지게 한 인물이고, 살바토레 비가노는 무용, 문학, 음악을 공부한 후라 스칼라의 발레교사로 명성이 자자했으며 이후 이탈리아에서 발레의 꽃을 피웠다.

김순정의 발레
인사이트

피에르 안토니 보두앙(Pierre_Antoine_Baudouin)의 그림 〈고집쟁이 딸〉, 1764

　　장 도베르발은 발레를 왕궁의 화려함이나 영웅과 귀족들의 삶을 보여주는 것에서 벗어나 농가의 평범한 일상과 순박한 농촌사람들이 지닌 솔직하고 재기 발랄한 흥취를 무대로 끌어 올렸다. 그는 과도한 장치나 매너리즘에 빠진 격식을 없애야 한다고 주장한 발레 개혁자 장 조르쥬 노베르의 제자이자 노베르의 이론을 구현한 실천가다.

　　인생의 재미는 고생과 위험, 모험을 즐겁고도 기꺼이 감당하며 사는데 있다고 누군가 말했다. 프랑스의 화가 피에르 안토니 보두앙 (1723~1769)이 그린 그림 한 장을 우연히 보면서 영감을 받아 탄생한 발레작품이 〈고집쟁이 딸〉이다.

단단히 화가 나 호통 치는 어머니 앞에 밀짚 덤불을 밟고 서서 눈물을 훔치는 딸의 모습이 보이고, 어둠 속 계단으로 달아나는 청년이 보인다. 말괄량이 딸, 빗나간 딸, 잘못 지켜진 딸 등 여러 번역이 있는데 어느 제목도 이 그림 한 장이 보여주는 이야기를 담기에는 부족해 보인다.

리자 역의 테오드르 도베르발
(장 도베르발의 아내)의 초상, 1761

한 장의 그림에서 출발하여 인생에서 벌어지는 많은 이야기를 유머러스하게 보여주는 〈고집쟁이 딸〉은 현재까지도 세계적으로 즐겨 상연되는 가장 오래된 희극 발레다.

막이 오르면 농가의 닭장이 보이고 아침을 부르는 유쾌한 닭들의 춤이 시작된다. 화니 엘슬러가 춘 뒤로 화니 엘슬러 파 드 되로도 불리는 2인무가 유명하며, 1960년 영국 프레데릭 애쉬턴의 안무에는 리즈의 어머니 시몬느 여사의 흥겨운 나막신 춤이 들어가서 큰 인기를 끌었다.

오래전 서정자 교수가 국내 최초로 〈고집쟁이 딸〉을 선보였을 때. 이렇게 즐겁고 사랑스러운 작품이 있을까 감탄하며 행복해했다. 당시 공연에서 콜라스로 출연했던 김긍수는 국립발레단장이 되었을 때, 자

김순정의 발레
인사이트

<고집쟁이 딸>의 한 장면, 리자 역 - 아브라모바, 콜렌 역 - 스몰쪼프, 볼쇼이 극장, 1922

신의 경험을 살려 2003년 쿠바판 <고집쟁이 딸>을 예술의 전당 오페라극장에 올렸다.

18세기와 19세기 발레음악은 주로 편곡에 가까웠다. 유명한 노래나 오페라의 음악을 차용하는 경우가 많았는데 장 도베르발은 55개의 프랑스 노래와 가곡을 편곡해 음악을 만들었다. 또한 직접 시나리오를 썼으며 바이올리니스트이기도 했다. 안무가가 안 되었으면 아마도 음악가로 살았을 인물이다.

장 도베르발의 경우를 보면, 발레 안무는 단지 어떻게 춤을 출 것인가 만이 아니라 문화예술 전반에 대한 식견과 고도의 예술적 탁마를 기본으로 해야만 가능함을 느낄 수 있다.

한국 관객이 알고 있는 희극발레는 〈돈키호테〉 〈코펠리아〉를 제외하면 거의 없다. 한국인이 가장 좋아하는 작품은 비극인 〈백조의 호수〉라고 한다. 그런 이유로 2017년 한국에서 공연을 한 러시아 마린스키 프리모르스키발레단의 레퍼토리도 〈백조의 호수〉였다.

그 이전인 2010년에는 고양 아람누리 극장에서 한·러수교 20주년 기념으로 율리아나 라파드키나와 다닐 코르순체프 주역으로 나온 〈백조의 호수〉가 상연되었다.

국내 발레계의 레퍼토리는 다양성이 결여된 편식이 심각한 상황이다. 균형을 맞추기 위해서라도 〈고집쟁이 딸〉과 같은 가볍고 명랑하며 건강한 정서의 발레작품들이 더 많이 국내에 소개되어야 할 것이라고 생각한다.

Ballet

2장

춤과 마임 그리고
디베르티스망

고전발레

·
·
·

호두까기 인형 / 돈키호테 / 백조의 호수

라 바야데르 / 라이몬다 / 잠자는 미녀

고전발레는 19세기 후반부터 러시아에서 발달하게 된 발레의 형태이다.

춤과 함께 마임을 사용하여 스토리를 전개하는 특성을 가지고 있다.

특히 교향곡의 서곡 같은 서곡(Prelude)과 솔리스트(독무자)들이 줄거리와 상관없이

다채롭게 펼쳐주는 춤인 디베르티스망(Divertissment), 남녀 주역무용수들의 화려한

발레 기술을 보여주는 그랑 파 드 되(Grand Pas de Deux)가 빠짐없이 들어간다.

고전발레의 대표적인 작품은 〈백조의 호수〉이다.

이 작품은 1877년 초연된 〈백조의 호수〉를 재구성하여 마린스키극장의 예술감독이 된

마리우스 프티파(Marius Petipa)가 1895년에 올린 작품이다.

마리우스 프티파의 안무로 올려진 작품은 〈백조의 호수〉이외에도 〈잠자는 미녀〉

〈돈키호테〉〈라 바야데르〉〈라이몬다〉등이며, 〈호두까기 인형〉과 〈백조의 호수〉를

작곡한 차이콥스키는 고전발레 음악의 대표적 작곡가로 손꼽게 되었다.

호두까기 인형
환상과 현실의 교직

나는 발레리나이다. 사람들은 나의 직업을 교수 또는 안무가, 예술 감독이라고도 한다. 하지만 난 나의 생이 마감될 때까지 발레리나이고 싶다. 힘이 될 수 있는 한 무대에서 춤을 추는 것은 아마도 모든 발레리나의 소원일 것이다. 모스크바에서 보았던 러시아의 전설적인 무용수 마야 플리세츠카야의 춤은(당시 70세를 훨씬 넘긴 나이였다. 그녀는 이후 2015년 90세 기념 갈라 콘서트를 준비하다 행복하게(?) 심장마비로 사망했다) 나의 그런 꿈이 불가능하지 않다는 것을 보여주었다.

10살 때부터 발레를 시작한 나는 러시아(당시에는 소련)의 눈부시도록 완벽한 무용가들을 닮고 싶었으나 그러질 못해 불만스런 시기를 보냈다. 그들의 엄밀한 단련, 아우라, 몸의 비율, 예의범절, 눈빛까지도 내 것으로 만들고 싶었으나 어느 것에도 만족할 수 없어 하는 수 없이 환상 속으로 들어가 그들과 함께 춤추고는 다시 나와 현실에 적응해

〈빈사의 백조〉를 연기하고 있는 마야 플리세츠카야

야 하는 이중생활(?)을 하기 시작했다.

　친구들이 연예인이나 멋진 선생들을 마음에 품고 있을 때 내 마음 속엔 리에파, 바실리에프, 누레예프, 울라노바, 플리세츠카야, 스트루치코바 등의 춤추는 모습, 걸음걸이, 미소, 가벼움이 떠 다녔다. 특히 러시아 무용수들의 엘레바시옹(도약, 시각적으로 공중을 떠다니는 것 같이 보이게 하는)은 광활한 대자연을 표현하듯 뭔가 풍부한 느낌의 다른 것이 있었고 어린 나를 오래도록 사로잡고 놓아주질 않았다. 그렇게 나의 이상은 러시아 발레에서 찾을 수가 있었다.

　러시아 발레 하면 떠오르는 것 중의 하나가 바로 차이코프스키 음악의 〈호두까기 인형〉일 것이다. 세계 어느 곳에서나 가장 많이 상연되는 발레 레퍼토리로 1892년 12월 6일 러시아 상트페테르부르크에서 초연된 이후 지금까지 끊임없이 사랑을 받아온 작품이다. 나 역시 국립발레단원일 때 가장 많이 춤 춘 작품이기도 하다.

시인이자 화가, 그리고 무용평론가였던 김영태 선생님은 1980년대 중반 내가 주역으로 출연한 국립발레단의 〈호두까기 인형〉 공연을 보고 나서 "김순정의 엘레바시옹은 허전할 만큼 아름답다"라고 자신의 책에 썼다. 처음엔 그 의미를 잘 몰랐지만 이제 와서 생각하면 최상의 칭찬이었던 것 같다. 허공을 거닐 듯 아름답다는 말이니 말이다. 지금도 그 말씀에 고마움을 느낀다.

한·러수교가 이루어

1. 상트 페테르부르크 마린스키 극장에서 1892년에 초연된 〈호두까기 인형〉의 한 장면
2. 〈호두까기 인형〉 공연 전 국립극장 분장실에서 필자, (우측 임성남 국립발레단장), 1985

김순정의 발레
인사이트

1. 국립발레단의 〈호두까기 인형〉에서 피날레 장면, 클라라 역 김순정, 왕자 역 문병남, 1985
2. 국립발레단의 〈호두까기 인형〉에서 커튼콜을 하고 있는 김순정과 문병남, 1985

지고 몇 년이 흐른 후 만학도로 러시아로 4년간 유학을 갈 수 있게 되었다. 나는 볼쇼이극장에서 가까운 곳에 위치한 GITIS대학(후에 RATI로 명칭이 바뀜)에서 수업을 들었다. 볼쇼이발레단 주역이었고 현재 발레마스터 양성과정의 교수들인 세흐 교수와 뚜치니나 교수가 진행하는 발레 교수법 수업 시간이었다. 세흐 교수와 뚜치니나 교수는 나에게 엘레바시옹의 시범을 다른 외국인 학생들

상트 페테르부르크 문화대학 올가 무호르토바 교수와 함께한 필자, 러시아 상트페테르부르크 에르미타쥐 박물관앞, 1999

앞에서 해 보이라고 하였다. 그들에게는 어느 무용수들의 엘레바시옹보다도 나의 그것이 마음에 들었던 것이다. 나는 나이도 잊고 연습실을 가로질러 뛰어올랐던 기억이 있다. 앞서 말했듯이 나의 엘레바시옹은 10대 시절부터 소련의 무용가들의 영상을 수도 없이 보고 또 보고 만들어낸 것이니 어쩌면 러시아 선생님의 마음에 든 것은 당연한 결과일 것이다.

러시아 유학을 마치고 교직생활을 하던 중 나는 2014년 말부터 2015년 2월까지 한 번 더 러시아 모스크바에 체류할 수 있는 기회가 생겨서 모처럼 예술적 분위기에 푹 빠져서 살 수 있었고, 운 좋게 〈호두까기 인형〉도 볼 수 있었다.

김순정의 발레
인사이트

러시아 볼쇼이 발레단의 〈호두까기 인형〉의 한 장면

볼쇼이극장에서 공연하는 총 29회의 〈호두까기 인형〉의 표를 구하는 것은 너무 어려운 일이었다. 공연 횟수가 그렇듯 많은데도 말이다. 한국도 표 구하기가 어려운 건 마찬가지지만 한국의 경우는 일단 공연 횟수가 너무 적다. 레퍼토리 시스템(한 시즌마다 몇 개의 레퍼토리가 상설로 계속 상연되는 시스템)으로 돌아가는 러시아의 발레와 오페라 전용극장들은 늘 표를 사러 오가는 시민들로 붐빈다. 하루 씩 걸러 발레와 오페라가 끊임없이 공연되는 환경은 부러움을 넘어 찬탄을 하게 만든다.

〈호두까기 인형〉 중에서 가장 좋아하는 부분을 꼽으라면 현실의 클라라가 환상 속으로 들어가게 되는 순간이다. 1985년에는 TV문학관 〈광장〉(최인훈 원작, 김홍종 연출)에서 실루엣으로 처리되어 내가 춤추는 이 장면이 삽입되었다. 최인훈 소설 《광장》의 주인공인 이명준이 사랑한 여인이 발레리나 은혜였다. 배우 조용원의 대역으로 내가 은혜역을 맡아 스튜디오에서 호두까기 인형의 한 장면을 연기한 것이다. (이에 대한 좋은 기억은 2014년 성탄절에 방영된 발레소재 TV영화인 〈발레리노〉의 총예술감독으로 참여하는 계기가 되었다).

1막에서 생쥐왕을 물리친 호두까기 인형이 왕자로 변모하고 어린 클라라가 어른이 되어 왕자와 함께 눈의 나라를 여행하기 직전의 이 장면은 소녀에서 여인으로 성장하면서 느끼는 감정을 잘 표현해야 한다. 차이코프스키의 음악도 이 부분에서 클라라의 터질 듯한 기쁨과 그 이면의 두려움을 잘 그려내고 있다. 러시아 정교의 성탄절인 1월7일(러시아 구력으로 12월 25일이 바로 이 날이다) 밤늦게 TV에서 본 흑백의 1978년 볼쇼이발레단 공연실황에서 블라디미르 바실리예프와 함께 춤 춘 에카테리나 막시모바의 클라라 역은 TV 문학관 〈광장〉에 삽입되었던 나의 실루엣영상을 생각나게 해서인지 더욱 더 눈부시게 느껴졌다.

현실에서의 어린 클라라는 호두까기 인형이 부서진 것을 보고 울고만 있었다. 그러나 환상 속에서의 클라라는 두렵지만 용기를 내어 자신이 사랑하는 왕자가 위험에 처한 것을 보자 신고 있던 슬리퍼를

국립발레단의 〈호두까기 인형〉에서 현실의 클라라(김순정)가 환상으로 들어가는 장면, 1985

김순정의 발레
인사이트

레프 이바노프, 1890

벗어 생쥐왕에게 힘껏 던져 단번에 명중시킨다. 그때를 틈타 쓰러져 있던 왕자는 기운을 차려 생쥐왕을 물리친다.

곧이어 왕자와의 행복한 여행이 차디찬 겨울 나라부터 시작된다. 그리고 눈이 펄펄 내리는 설원에서 눈송이 요정들과 함께 수십 차례의 엘레바시옹을 보여주고 나서야 비로소 화사한 봄의 세계로 들어서게 된다. 한 해의 절반인 6개월의 겨울이 지나야 봄이 오는 러시아의 자연환경을 생각하면 겨울에서 시작하여 봄으로 가는 여정을 그린 것은 어쩌면 당연한 것이다. 러시아인들에게 겨울을 견디는 인내는 어디서건 필수적이기 때문이다. 70세가 된 마린스키극장의 프랑스인 안무가 프티파가 병이 나자 프티파의 조수 격인 제2 발레마스터로 일하고 있던 51세의 러시아인 레프 이바노프에게 드디어 처음으로 안무 기회가 찾아왔고 그때 눈의 나라가 그에 의해 만들어졌다. 눈의 나라 안무는 마치 아직도 봄이 오려면 멀었지만 봄을 맞이하는 의식, 마슬레니짜(러시아의 사육제기간을 일컫는 말)가 얼음과 눈 위에서 늘 흥겹고 즐겁게 이루어지는 것과 흡사하다. 추운 겨울이 지나면 머지않아 꽃들이 빙빙 돌며 왈츠를 추는 화려한 봄이 올 것을 알기에 오늘도 많은 사람들은 추위를 뚫고 발레가 상연되는 극장으로 간다, 현실과 환상을 교직하며 날아오르는 클라라를 보며 각자의 새로운 꿈을 꾸기 위하여.

돈키호테
스페인 춤과 동행하는 자유로운 영혼

　현실적인 어려움 속에서도 꿈을 추구하고자 하는 사람과 이해관계를 따져 가능할 때에만 행동하는 사람을 흔히 이상주의자와 현실주의자라고 한다. 세상은 이상보다 현실주의자의 손을 들어주는 경우가 허다하지만 이상주의자의 삶은 당대보다 후대에 영향을 주게 되는 경우가 많다. 실제 인물이 아닌 돈키호테의 경우도 그렇다.

　발레 〈돈키호테〉를 처음 만난 것은 1983년 미국 아메리칸발레시어터(ABT)의 공연 실황을 담은 비디오를 통해서 였다. 소련에서 망명한 스타 발레리노 미하일 바리쉬니코프와 ABT의 신예 신시아 하비가 주인공이었다. 그러나 두 사람의 화려한 춤 외에는 별다른 기억이 남지 않게 되었다. 그것은 드라마와 춤의 조화가 매끄럽게 이루어지지 않았기 때문이다.

　발레 〈돈키호테〉의 성공은 주역뿐만 아니라 출연하는 모든 무용수

1. 안무가 마리우스 프티파
2. 바질역 뱌체슬라프 사모두로프,
   마린스키발레단

들의 춤과 연기가 물 흐르듯이 완벽하게 결합할 때 이루어질 수 있다. 그러한 돈키호테를 직접 만나게 된 것은 2000년 모스크바 볼쇼이극장에서였다. 대부분의 발레에서 흔히 볼 수 있는 달빛 아래나 궁정 안의 창백한 밤의 세계가 아니라 대낮 뜨겁게 작열하는 태양 아래 이루어지는 솔직하고 유쾌한 각양각색 인간군상의 삶을 보여주는 이야기에 푹 빠져들었다.

　1869년 12월 14일 러시아 볼쇼이발레단에서 공연된 돈키호테는, 초연에서 실패하기 마련이라는 통설을 깨고 이례적으로 성공했으며 이후로도 성공을 이어갔다. 안무를 한 프티파는 전막(全幕)에서 스페인의 향취가 그득한 민속무용을 무대화하여 클래식발레와 함께 적절하

1. 키트리 역 막시모바, 볼쇼이발레단
2. 키트리 역 갈리나 콤례바, 키로프발레단
3. 키트리 역 알티나이 아씰무라토바, 마린스키발레단, 1978
4. 키트리 역 김순정, 국립발레단, 1991(사진 최영모)

김순정의 발레
인사이트

게 배치함으로써 관객이 흥겹게 작품에 몰입할 수 있게 하였다.

　이후로도 안무가인 고르스키, 자하로프, 갈레이조프스키가 개작 및 수정을 시도하여 살아 움직이는 듯 사실적인 군중 신scene, 최상의 클래식발레 기교를 보여주는 그랑 파 드 되(남녀 주역의 2인무)와 주옥같은 캐릭터 댄스가 조화를 이루며 백 년 이상의 시간을 관통했고 오늘날의 세련된 모습으로 굳건하게 살아남았다.

　한국에 〈돈키호테〉 같은 본격적인 러시아 발레가 상륙한 것은 1990년 한·러수교가 이루어진 이후의 일이다. 당시 국립발레단장 임성남(1929~2002)은 그해 러시아를 방문하여 한-러 발레교류를 위한 의견을 전달한 바 있었고 윤탁 국립극장장의 초청에 의해 1991년 4월말, 볼쇼이발레단의 연출가 겸 지도자로서 마리나 칸

〈돈키호테〉, 키트리 역 김순정, 가마쉬 역 김종훈, 국립발레단, 1991(사진 최영모)

〈돈키호테〉, 키트리 역 김순정, 바질 역 나형만, 국립발레단, 1991(사진 최영모)

드라체바(1934~) 부부가 내한하기에 이르렀다. 그리고 1991년 6월 13일부터 17일까지 장충동 국립극장에서 국립발레단이 제67회 정기공연으로 역사적인 〈돈키호테〉 전막(全幕)을 올리게 되었다.

당시 나는 여주인공 키트리 역을 최태지와 더블캐스트로 맡게 되었고 직접 역을 맡은 후에야 발레 〈돈키호테〉의 매력에 제대로 눈을 뜨게 되었다. 이전에는 접할 기회가 거의 없었던 세기딜리야, 판당고, 볼레로, 지가, 호타 등 스페인 춤과 집시춤 등의 다양한 캐릭터 댄스 그리고 음악(밍쿠스)의 매력에 흠뻑 도취되기도 했다. 또 하나 다른 작품에서는 찾을 수 없는 독특한 인물 돈키호테를 운명처럼 만나게 된 것도 기뻤다. 그의 느릿한 걸음걸이와 자유의지에 따른 특이한 행동

김순정의 발레
인사이트

〈돈키호테〉, 키트리 역 김순정, 바질 역 나형만, 국립발레단, 1991(사진 최영모)

방식은 웃음과 동시에 다른 의미와 시공간을 느끼게 했다.

세르반테스의 소설 《돈키호테》는 작가가 온갖 오욕을 겪고 난 후 만년인 58세에 출간했는데 당시 유행하던 기사의 무용담들을 풍자하기 위해 썼다고 한다. 〈돈키호테 데 라만차〉라는 원 제목의 뮤지컬을 보려고 했지만 여의치 못해 책으로 읽으려 오래 전에 사다 놓았지만 마음뿐이었다. 부담스러운 두께의 소설 《돈키호테》는 그래서 서가에 꽂힌 채 꽤 오랫동안 잊고 있었다.

2015년은 《돈키호테》가 완성되어 출판된 지 400년이 된 해였다. 문득 책을 펼쳐보고 싶은 충동이 일었다. 발레 〈돈키호테〉를 떠올리며, 원작의 그가 어땠는지 다시 한번 궁금해졌기 때문이다. 자신의 이

1. 〈돈키호테〉, 국립발레단,1991, 키트리 - 김순정, 바질 - 나형만(사진 최영모)
2. 〈돈키호테〉 한국 초연 후, 연출 마리나 칸드라체바 부부(볼쇼이 발레단)와 함께
　키트리 역 김순정과 바질 역 나형만, 1991

상 혹은 공상에 빠져 돌진하는 돈키호테의 이야기를 읽으면서 어떻게 사는 것이 과연 올바르고 즐거운 삶인지를 여러 번 내 자신에게 물어보게 되었다.

프티파 이전에도 발레의 선각자들은 이미 1801년 〈가마쉬의 결혼〉이라는 작품 등으로 돈키호테라는 근대정신의 인물을 발레 속에 끌어들였다. 당시 유명 무용수인 베스트리스가 바질 역을 맡았다는 기록도 있다. 200년이라는 세월이 넘도록 발레의 역사와 함께 한 〈돈키호테〉를 생각하며, 발레 속에는 눈에 보이는 것뿐만 아니라 이제까지 미처 생각하지 못했던 무수한 보물들이 담겨져 있는 것을 다시 한 번 실감했고 그 의미를 더욱 세심하게 들여다보아야겠다고 다짐했다.

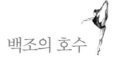

고립된 영혼과 열린 욕망의 대비

한때 가장 좋아했던 발레리나는 러시아 볼쇼이발레단의 마야 플리세츠카야(1925~2015)였다. 그녀가 89세를 일기로 러시아가 아닌 독일 뮌헨에서 영면했다. 2012년에 돌아가셔서 이제는 곁에 안 계신 아버지는 생전에 학술연구차 일본을 자주 드나들었는데, 한국에서는 볼 수 없었던 발레 비디오테이프와 음반을 잊지 않고 사다 주셨다. 사춘기 시절 처음 본 〈백조의 호수〉 속의 마야 플리세츠카야는 내 심장을 마구 두드리는 매혹적이고도 강력한 여전사와도 같았다. 그녀는 안무가에 종속된 무용수의 틀에서 벗어나 주도적으로 무대를 휘어잡는 마력을 지닌 특별한 존재였다. 곧 그녀는 나의 우상이 되었다.

마야 플리세츠카야는 "지나친 연습은 무용수로서의 생명을 단축시킨다"며 적절한 연습만을 한 것으로도 유명하다. 누구나 그럴 수는 없지만 그래서인지 그녀는 65세까지 볼쇼이 무대에서 활동했고 〈백조의

〈백조의 호수〉 오데트 역 마야 플리세츠카야

호수〉를 30년간 800회 이상 추며 관객의 끊임없는 갈채를 받았다.

1999년 여름 모스크바에 유학을 가서 집을 구하러 다닐 때, 사할린에서 온 한인3세 부동산업자는 시내 트베르스카야 대로변의 한 아파트로 안내했다. 마침 집 주인이 없어 들어가 볼 수 없었는데 그 집이 예전에 마야 플리세츠카야가 살던 집이라는 말을 했다. 전율이 일었다. 드디어 발레의 나라 러시아에 왔다는 것을 실감한 순간이었다. 왠지 그 집은 나중에라도 안 보는 게 나을 것 같다는 느낌이 들었다. 그녀에 대해 오랜 기간 품어 온 환상을 그대로 간직하고 싶었기 때문이었는지도 모르겠다. 그리고 그날 저녁 어렵게 암표를 사서 열 살 된 아들과 함께 지하철을 타고 볼쇼이극장으로 〈백조의 호수〉를 보러 갔다.

발레의 대명사라 할 수 있는 〈백조의 호수〉는 1877년 러시아 모스크바에서 오스트리아인 안무가 라이징거에 의해 초연되었으나 실패로 끝났고 그의 이름도 발레사에서 잊혔다. 차이코프스키의 심포닉 발레 음악에 익숙하지 않았던 보수적인 관객들은 혹평을 하였고 거장 프티파라면 제대로 안무를 할 수 있을 것이라는 희망을 품은 채 차이코프스키는 안타깝게도 1893년 눈을 감고 말았다.

다음해인 1894년 2월 상트페테르부르크의 마린스키극장에서 차이코프스키의 추모기념연주회가 열렸다. 이때 로맨틱 발레에 재능이 있는 이바노프에게 안무를 일임한 프티파는 완성도 있는 2막을 선보이며 큰 성공을 이루었고 이후 차이코프스키의 총 악보를 다시 연구한 끝에 1895년, 전 4막의 성공적인 〈백조의 호수〉를 완성하기에 이르렀다. 프티파(1818~1910)가 이바노프에게 2막을 일임한 이유는 고

령에 접어든 나이 때문만은 아니었다. 표현과 스토리 위주의 로맨틱 발레가 지겨웠기 때문이었고 그의 관심은 완벽한 미학적 자세를 기반으로 해 이룩된 고전발레로 자연스레 옮겨갔기 때문이다.

순수한 춤으로의 진화가 그 이유였다는 것은 내게 새로운 발견이었다. 아! 그래서 기꺼이 이바노프에게 그의 재능을 펼칠 기회를 주었구나. 이바노프(1834~1901)는 2막과 4막을 안무했다. 역사 상 가장 아름다운 장면 중 하나인 2막에서 이바노프는 고립된 영혼인 백조(오데트)의 이미지를 구현해냈다. 그에 비해 프티파는 3막에서 절박하고 충동적인 열정을 지닌 흑조(오딜) 이미지를 대비시킴으로써 선과 악의 끝없는 갈등을 보여줌과 동시에 고전발레의 특징인 그랑 파 드 되 형식을 최고조로 끌어올렸다.

한국에서는 1967년 한중일 합작공연으로 〈백조의 호수〉가 처음 공연되었다. 임원식, 당시 서울예술고등학교 교장이자 지휘자인 그는 음악에 비해 상대적으로 열악하기 이를 데 없는 발레계를 위한 체제의 정비와 대폭적인 지원이 절실함을 인사말에서 누누이 강조하였다. 악보는 물론 연습실조차 변변치 않았던 당시 상황을 떠올리면 선구자들의 노력은 참으로 눈물겹다.

국립발레단에서 〈백조의 호수〉 전4막(안무 임성남)을 초연한 해는 1977년이니 러시아 최초의 〈백조의 호수〉 공연 이후 꼭 100년이 흐른 뒤다. 나에게는 1984년 국립발레단의 〈백조의 호수〉 공연이 첫 주역 데뷔무대로 프티파와 이바노프 안무 이후 89년이 지나서였다.

2시간 30분간 이루어지는 〈백조의 호수〉 전 4막을 6개월에 걸쳐

1. 백조 오데트 역 마야 플리세츠카야
2. 흑조 오딜 역 마야 플리세츠카야
3. 마야 플리세츠카야와 니콜라이 파데예체프의
   백조 2인무

김순정의 발레
인사이트

흑조2인무, 블라소프의 그림

연습하는 가운데 나는 정신과 육체의 한계를 경험하기도 했다. 특히 서울공연 전에는 지방공연 투어가 잡혀 있었다. 마산종합체육관에서 공연할 때는 갑자기 한쪽 눈에 다래끼가 크게 나서 시야를 가렸는데 그 위에 아이라인을 두껍게 칠하고는 무사히 공연을 끝냈다. 당시는 질 좋은 외국산 토슈즈 구하는 것이 어려웠고 대부분 '미투리' 라는 상호가 새겨진 딱딱한 국산 토슈즈를 자기 발에 맞게 직접 손질해서 신을 때였다. 공연을 마치고 보니 토슈즈 위로 피가 배어 나온 게 보였다. 발가락 위부분이 벗겨져서 피가 흥건했다. 그러나 공연하는 동안에는 전혀 고통을 느끼지 못했는데 바로 마라톤 선수들이 극한의 고

1. 〈백조의 호수〉 2막 백조 2인무, 국립발레단, 오데트 – 김순정, 지그프리드 – 문병남, 1984
(사진 김찬복)
2. 〈백조의 호수〉 3막 흑조 2인무, 국립발레단, 오딜- 김순정, 지그프리드- 문병남, 1984
(사진 김찬복)

통을 넘어설 때 뇌 속에는 마약에 버금가는 물질 엔돌핀이 생성된다
는 이치를 직접 맛보게 된 것이다. 그렇게 지방 몇 도시에서 혹독한 신
고식을 치른 뒤 서울 국립극장에서 나의 첫 주역 데뷔가 있었다. 국립
발레단의 이전 공연까지는 백조와 흑조역을 서로 다른 무용수들이 해
왔는데 1984년 공연부터는 백조와 흑조를 한 무용수가 하는 연출이
도입되었다(이미 외국에서는 1인 2역으로 하는 경우가 대부분이었으나 흑조의
32회 회전과 같은 고난도 테크닉이 부족할 경우 백조와 흑조를 다른 무용수가 맡
아 하는 경우가 있다). 극히 상반된 이미지를 보여야하는 매력적인 배역
을 맡아 더할 나위 없는 기쁨을 느꼈지만 입단 1년 만에 주역이 되어

김순정의 발레
인사이트

느끼는 주위의 시기어린 시선을 감당하여야 하는 심적 부담 또한 앞으로 이겨내야 할 나의 과제였다.

라 바야데르

소소한 일상이 주는 지속 가능한 행복

일상과 무대의 간격은 크다. 하지만 그 어느 것도 버릴 수 없는 상황에서 조화롭게 심신의 균형을 이루며 살아가는 일이 무용수에게는 대단히 중요한 일이다.

언젠가 서울사이버대학교 차이코프스키홀에서 열린 IOTPD(국제무용수직업전환지원기구)의 직업전환에 관한 세미나를 경청하며 그런 생각을 가슴 깊이 되새겼다.

네덜란드, 영국, 프랑스, 스위스에서 온 사례발표자는 판사, 무용학교 사무처장, 이벤트 매니저, 물리치료사, 인테리어 디자이너로 성공적인 직업전환을 이룬 이들이었다. 그들은 다른 직업에 비해 상대적으로 수명이 짧을 수밖에 없는 무용수로 활동하면서도, 무용수 이후의 또 다른 삶을 준비해야 하는 이유에 대해 진지하고도 설득력 있게 발표했다.

김순정의 발레
인사이트

그들의 이야기에는 공통점이 있었다. 개인의 결정 다음으로 꼽는 것은 대체로 가족의 중요성이었다. 가족이 있었기에 더 큰 책임감을 갖게 되었고 무용수가 지닌 덕목인 인내심, 몰입, 열정, 시간관념 등을 새로운 직업에 뛰어들 때 창의적으로 투사할 수 있었다는 것이다.

일반화할 수는 없지만, 예술을 위해 가족과 친구들을 떠나고 고국을 등졌던 예술가들의 말로가 생각보다 행복하지 않았던 경우를 우리

니키아 역 안나 파블로바, 러시아 마린스키발레단. 1903

는 수없이 보아왔다. 작곡가 쇼스타코비치에게 소원을 물었더니 다른 것보다도 우선 소소한 일상을 즐기며 살고 싶다고 했다. 꼭 예술가가 아니더라도 많은 이가 바라는 것이다. 누구나 바라지만 쉽게 얻기는 힘든 것. 소소한 일상에서 행복을 누리는 일은 사실 쉽지가 않다.

균형은 끊임없이 스스로를 역동적으로 외부환경과 맞춰 나갈 때 이룰 수 있다. 스스로의 움직임과 노력을 멈추는 순간 균형도 깨진다. 발레동작 훼떼Fouette처럼 팽이가 힘차게 돌 때는 결코 쓰러지지 않는다. 원심력에 의해서도 돌아가지만 외부의 자극(채찍)이 가해지면 놀랄 만큼 빠르게 돌며 몸의 중심축이 바로 서게 된다.

전 세계 발레인을 기죽게 했던 전천후 균형의 여제, 프랑스의 발레

마린스키극장에서 마리우스 프티파의 안무와 루드비크 밍쿠스의 곡으로 올려진 〈라 바야데르〉, 1901

김순정의 발레
인사이트

니키아 역 안나 파블로바, 러시아 마린스키발레단. 1902

요정 실비 기옘. 그녀의 은퇴공연 소식과 함께 놀랍게도 박세은이 파리오페라발레단 〈라 바야데르〉 주역인 니키야를 맡아 러시아 마린스키극장에서 공연했다.

　마린스키극장은 김기민이 주역 중의 한 명으로 활동하고 있는, 러시아발레의 표상과도 같은 곳이다. 1669년 프랑스 왕립 오페라단으로 창립한 파리오페라발레단은 세계에서 가장 오래된 국립 발레단이다. 파리오페라발레단의 제1무용수 박세은과 한인 3세로 과거 마린스키발레단 주역을 한 뛰어난 발레리노 블라디미르 킴의 제자이자 후예로 불리는 김기민의 활약이 더욱 기대되는 것은 나이에 비해 그들의 삶을 대하는 진지한 태도와 갈고 닦은 기량의 적절한 균형에 있다.

　특히 김기민은 2018년 11월 세종문화회관에서 테료쉬키나와 함께

니키아 역 마고트 폰테인, 솔라르 역 루돌프 누레예프, 런던, 1963

마린스키발레단 내한공연 〈돈키호테〉에 출연했는데 다음 번에는 꼭 〈라 바야데르〉의 솔라르 역으로 한국 무대에 서는 것을 기대해 본다.

〈라 바야데르〉(러시아어 원제: 바야데르카, 사원에 소속된 여자무용수란 뜻)는 1877년 러시아 마린스키발레단에서 프티파에 의해 초연되었다. 인도 사원의 무희와 젊은 전사와의 사랑. 무희의 사랑을 갈구하는 브라만 승려. 연적인 니키야를 죽이게 되는 높은 신분의 여인 감자티가 이 작품의 주요 인물이고 물동이 춤, 불춤, 꽃춤, 부채춤, 북춤, 스카프 춤 등 군무가 흥미롭고 풍성하다.

〈라 바야데르〉에서 내가 가장 좋아하는 대목은 긴 스카프를 남녀 주인공이 함께 들고 추는 2막의 2인무이다. 솔라르가 멀리서 긴 천의 한쪽을 잡고 있으면 니키야는 반대쪽에서 천의 다른 끝을 잡고 한 발

김순정의 발레
인사이트

1. 감자티 역 이르마 니오라줴,
   마린스키발레단
2. 솔라르 역 알렉산드르 쿠르코프,
   마린스키발레단

로 서거나 돌면서 균형을 이루는데 그 모습이 절묘하게 아슬아슬하면서도 슬프다.

익숙했던 국립발레단을 떠나 인생의 변화를 꿈꾸며 영국으로 2년간의 유학을 선택한 것은 1987년 봄이었다. 무대와 병행하며 발레교수법에 관한 석사논문을 무려 4년 반 만에 허덕이며 겨우 끝낸 직후였다.

처음 본 전막의 〈라 바야데르〉는 1989년 런던의 로열 오페라하우스에서였다. 로열발레단 객원주역으로 마린스키발레단의 파룩 루지마토프(솔라르)와 알티나이 아씰무라토바(니키야), 그리고 로열발레의 프랑스 출신 발레리나 실비 기옘(감자티)이 출연했다. 한 무대에서 당

영국 옥스포드 대학 노햄 가든 26번지 기숙사 앞에서 필자, 1989

김순정의 발레
인사이트

대에 내가 좋아하는 세 사람을 동시에 보게 된 것이다.

　실로 별들의 전쟁, 눈이 부신다는 말이 이해되는 순간이었다. 무대의 모든 것에 도취되어 한껏 빠져들었던 후에는 가족이 기다리는 옥스퍼드의 작은 집으로 버스를 타고 갔다. 그것도 나쁘지 않았다. 무대와 일상은 현저히 다르지만 모두가 가치 있다. 무대와 소소한 일상은 언제나 혼재되어 내 삶을 물들여왔고 앞으로도 그럴 것이다.

이상적인 고전발레의 아름다움

지금은 어김없이 매년 5월 열리는 동아무용콩쿠르지만 초기에는 2년마다 열렸고 대학생 이상만 참가하는 일반부문 경연 하나뿐이었다. 동아무용콩쿠르에 참가한 것은 대학4학년이던 1982년의 5월이었다.

무척 좋아하는 글라주노프의 음악 〈4계〉 중 '여름'을 골라 임성남 선생님께 안무를 부탁드렸는데 워낙 바쁘신 탓에 차일피일 미뤄지고 대회 얼마 전에야 겨우 안무를 해 주셨다. 전 국립발레단 주역인 진수인 선생님께 연습을 봐 달라 부탁드리고, 안무도 살짝 손을 보아 무대에 올랐다.

눈부신 여름, 시원하게 뚫린 자작나무 길을 걸어갈 때 바람에 잎이 흔들리며 하얗게 빛을 반사하는 강렬한 느낌을, 이 작품을 연습할 때마다 매번 느끼곤 했다. 그리고 경연 순간에 일정부분 무의식적으로 원하는 안무로 바꿔 춤을 추고는 내려왔다.

요즘 같으면 콩쿠르에서 있을 수 없는 일이었다. 그런데도 예상 외로 좋은 상을 받았다. 놀라면서도 의문이 들었다. 계획되지 않은 즉흥성은 어떤 순간에 발휘되는 것일까? 예기치 않았던 힘은 아마 음악에서 나온 듯하다. 글라주노프의 음악은 나로 하여금 깊고 비밀스러운 통로를 지나 넓게 열린 예술의 길로 이끌어주었다.

한참 시간이 흐른 뒤, 또 한번 마음을 빼앗는 춤과 음악이 있었다. 글라주노프 작곡 프티파 안무 〈라이몬다〉였다. 1996년 국립발레단은 전막이 아닌 갈라 공연으로 〈라이몬다 3막〉을 무대에 올렸다. 국립극장 2층에서 공연을 보았다.

무릎 위까지 내려오는 푸른색의 로맨틱하고 약간 긴 의상이 인상적이었다. 또한 스페인, 헝가리 등 민속춤에서 차용된 미묘한 손들의 움직임과 어깨의 사용, 발의 부딪침, 섬세하고 기품 있는 시선과 머리의 움직임은 아름다운 선율과 함께 캐릭터 댄스의 매혹을 선사하는데 모자람이 없었다.

나에게는 안무가 프티파(1818~1910) 말년의 대표작

말년의 프티파, 1910

1. 라이몬다 역 마고트 폰테인, 장 드 브리앙 역 루돌프 누레예프, ,호주국립발레단, 1965
2. 라이몬다 역 나탈리야 두딘스카야, 압데라흐만 역 세묜 카플란, 키로프발레단

품이 〈라이몬다〉(초연,1898년)라는 것이 무척 흥미로웠다. 러시아 혁명이 일어나던 시기에 프티파는 삶의 마지막 시기를 보내고 있었다. 그가 세상을 떠나던 해인 1910년 파리에서는 스트라빈스키가 〈불새〉를 작곡하여 초연을 했다.

이후 고전발레는 사그라질 줄 알았지만 사회주의가 된 러시아에서도, 현대예술이 도래한 유럽에서도 불씨는 꺼지지 않고 지금까지도 도도하게 살아있다. 순수한 음악과 춤의 원형을 반복해서 듣고 보고 싶어 하는 열망이 사람들에게 있기 때문일 것이다.

프티파가 눈을 감은 지 100년 후인 2010년, 국립발레단과 볼쇼이 발레단의 합동공연으로 유리 그리고로비치 안무 〈라이몬다〉가 예술의 전당에서 상연되어 주목을 받았다. 국립발레단의 김주원, 김지영,

라이몬다 역 니나 아나니아쉬빌리, 쟝 드 브리앙 역 알렉세이 파데예체프, 볼쇼이발레단

압데라흐만 역 드미트리 코르네예프, 볼쇼이 발레단

김현웅, 장운규와 함께 마리아 알라쉬, 아르템 아브라첸코 등 볼쇼이 주역들의 춤을 비교하며 볼 수 있었던 의미 있는 무대였다.

〈라이몬다〉가 인기 있는 이유 하나는 중세 기독교와 이슬람 세력 간의 갈등보다는 그 안에 펼쳐지는 스페인, 헝가리 등 이국적인 춤들의 다채로운 향연이 화려하기 때문이다. 민속춤을 무대화한 캐릭터 댄스는 고전발레의 테크닉을 연마하듯이 체계적인 수업이 필요하고 오랜 숙련이 이루어져야 하지만 무엇보다 자유로운 개성이 드러나야 한다.

이름을 남긴 안무가 중에 캐릭터 무용수 출신이 많은 것을 보면 창의적인 움직임은 틀에 박히지 않은 다양한 춤의 경험에서 나온다는 것을 알 수 있다. 유리 그리고로비치 역시 뛰어난 캐릭터무용수였다.

엄격히 구분하면 귀족인 라이몬다와 기사 쟝 드 브리앙은 클래식 발레무용수이고 사라센 영주 압데라흐만은 캐릭터무용수로 구분할 수 있다. 이들은 작품에서 서로 다른 아름다움으로 겨루는데 각각의 비중이 쉽게 우열을 가릴 수 없다.

고전발레에 필수 요소인 클래식 무용수와 캐릭터 무용수는 이렇듯 상호보완적이다. 그러니 어린 무용수들이 기본기를 잘 다진 후에는 자신에게 맞는 춤을 더 잘 추도록 격려해주어야 한다. 모두가 왕자와 공주가 될 수도 없고 또 그럴 필요는 더욱 없기 때문이다.

몸짓의 언어만으로 승부를 걸 수 있는 용기

〈잠자는 미녀〉의 오로라 공주는 물레 바늘에 찔려 100년간의 깊은 잠에 빠져버린다. 일에 치여 바삐 뛰어다니다가 문득문득 오로라 공주처럼 포근하게 잠에 빠지는 것도 좋겠다는 실없는 상상을 하게 된다.

〈잠자는 미녀〉는 마녀가 오로라 공주를 잠재우고, 100년 뒤 라일락요정의 안내를 받은 데지레 (혹은 플로리문드) 왕자가 입맞춤으로 공주를 깨우고 성대한 결혼을 올린다는 지극히 단순한 이야기 구조를 가지고 있다.

그럼에도 불구하고 〈잠자는 미녀〉는 쉽게 무대에 올리기 어려운 초대형 발레작품이다. 무용수만 100여 명이 필요하기 때문이다. 국립발레단은 2016년에 차이코프스키의 3대 발레 걸작 중 하나인 〈잠자는 미녀〉(마르시아 하이데 연출)를 상연하였다. 연보라색 클래식 튀튀tutu(망사로 만든 짧은 길이의 발레의상)를 입은 라일락요정의 춤은 국립발레단

신입단원 시절인 1983년 맡았던 솔로작품이었다. 나로서는 프로 데뷔 후 첫 솔로 무대였다고 할 수 있는데 라일락 요정을 출 때면 정말 봄의 라일락 향기를 맡는 것 같은 설렘과 행복함을 느끼곤 했다.

당시 장충동 국립극장의 꼭대기에 위치한 발레연습실에는 봄의 남산을 휘감는 향기로운 바람이 마룻바닥에 가깝게 난 창으로 들어오곤 했다. 아쉽게도 갈라Gala 공연이라 악의 요정 카라보스와 기를 겨루는 경험은 못했지만 위기마다 나타나 분위기를 화사하게 전환시켜주는 라일락요정은 거부할 수 없는 밝은 에너지를 주는 존재임을 확실하게 느꼈다.

하지만 나는 기회가 된다면 〈잠자는 미녀〉의 카라보스 역을 하고 싶었다. 착오인지, 고의인지 카라보스는 공주의 탄생축하 파티 초대명단에 빠져 있었다. 분노한 카라보스는 공주의 16세 생일 파티에 나타난다. 그리고는 무섭기도 하지만 익살스럽게도 오로라공주와 파티장의 모든 이들을 100년 동안 모조리 잠들어 버리게 한다.

고전발레의 우아미를 일거에 깨 버리는 그(녀)의 등장은 뭔가 속 시원한 쾌감을 주기에 충분했다. 형식에 맞춘 춤 사이로 불협화음의 박자와 몸짓으로 평온했던 현재의 세계를 갑자기 뒤흔들어버리는 카라보스 역은 의외로 고전발레의 심볼이라 할 수 있는 영국 로열발레단의 안소니 도웰(1943~)이 멋지게 소화해내었다.

그 이전에 기억나는 또 한 명의 카라보스역에 키로프(현재 마린스키) 발레단의 두딘스카야(1912~2003)가 있었다. 통상적으로 남자들이 이 역을 하는 것에 반하여 여성이 맡는 경우가 있었다는 사실에 반가웠

1. 오로라 역 갈리나 콤레바,
   키로프발레단
2. 테지레 왕자 역 빅토르 바라노프,
   마린스키발레단

김순정의 발레
인사이트

고 그 이미지는 참으로 강렬하여 나도 언젠가는 이 역을 해보고 싶은 욕구가 있었다.

원작자인 샤를 페로는 선과 악을 가진 두 요정, 즉 라일락 요정과 카라보스를 통해 우리 안의 두 가지 면을 바라볼 수 있게 해 준다. 우리 안에는 늘 둘이 공존하기 때문이다. 오로라공주를 살리고 죽이는 것이 결국 두 요정의 화합과 대립의 결과라는 것이 핵심이 아닐까?

데지레 왕자의 등장은 2막에 들어가서다. 환영(幻影) 속 오로라를 본 왕자는 그 뒤를 좇아 잠들었던 그녀를 깨운다. 그러고는 대단원의 3막 결혼식을 위한 디베르티스망이 벌어진다.

오로라 역 라이사 스트루치코바,
볼쇼이발레단

1890년 3월 1일 상트페테르부르크의 마린스키극장에서 마리우스 프티파 안무로 초연된 〈잠자는 미녀〉에서 이탈리아인 엔리코 체케티는 3막의 파랑새 역을 맡아 추었으며 제2 발레마스터로 일하게 되었다. 2년 뒤부터는 부속 발레학교의 교사로서 바가노바, 프레오브라젠스카야, 크셰신스카야, 안나 파블로바, 미하일 포킨, 니진스키 등 발레 역사상 뛰어난 무용가들을 대

거 배출해낸다. 〈잠자는 미녀〉의 3막에 나오는 왕자와 공주의 그랑 파드 되는 안무가인 마리우스 프티파가 말년에 추구했던 완전한 형식미를 갖춘 고전발레, 즉 순수한 무용 쪽에 가깝다.

〈잠자는 미녀〉에서도 보이듯, 발레는 순수한 무용과 극 사이를 오가며 발전해왔다. 로즈 아다지오, 보석들의 춤, 파랑새 2인무 등 몸짓의 언어가 주는 힘을 믿으며 정직하게 승부를 걸었던 위대한 발레예술가들에게 경의를 표한다.

작품의 여주인공 이름이 오로라인 것은 왜일까? 그것은 그리스 신화 속 여명의 신 아우로라 이름을 딴 것이며 수많은 별빛보다 더 아름다운 미지의 존재로서 행운과 축복의 상징이기 때문이다.

언젠가 기회가 된다면 한겨울 추위를 뚫고 러시아 북단의 도시 무르만스크에 가서 내 눈으로 직접 오로라의 황홀을 보고 싶다.

김순정의 발레
인사이트

Ballet

3장

미하일 포킨과 발레 뤼스

∙
∙
∙

빈사의 백조 / 불새 / 결혼

러시아의 상트페테르부르크에서 태어난 미하일 포킨은 1898년 러시아 황실(皇室)
무용학교를 졸업하고 마린스키극장에서 데뷔하였다.
〈라이몬다〉와 〈잠자는 미녀〉 등의 고전발레에서 뛰어난 춤 솜씨를 발휘하였던
그는 1905년부터 무용교사 겸 안무가로도 활약을 한다.
특히 당시 최고의 발레리나 안나 파블로바를 위해 안무한 《빈사(瀕死)의 백조》는
그의 이름을 영원히 발레사에 기록하는데 주저함이 없게 만들었다.
그는 1909~1914년 S.P. 디아길레프의 발레뤼스(Ballets Russes)에 주(主) 안무가로
참가하여 파리 등지를 순회공연을 하면서 대성공을 거두기도 하였다.
그의 대표적 안무 작품으로 〈빈사의 백조〉 〈레 실피드(Les Sylphides)〉 〈불새〉 〈장미의 정〉
등이 있다.

고마키 마사히데, 주세죽 그리고 안나 파블로바

우연히 책장에서 1992년 볼쇼이발레단 내한 공연 프로그램 북을 발견했다. 한·러수교가 이루어지면서 비로소 러시아 정통발레가 한국에 소개되던 시기였다.

프로그램 북의 글에서 박용구 선생(1914~2016)의 글이 새삼 가슴에 와 닿았다. 1940년 일본무용가 고마키 마사히데의 만남을 통한 클래식발레와의 인연과 추억을 회고한 글이다.

박용구는 고전발레에서 명실상부한 패권국가는 서방세계가 아니라 러시아라고 단언했다. 러시아발레에 심취해 있던 고마키 마사히데는 하얼빈에서 여생을 보내던 왕년의 프리마 발레리나 캬토스카야에게 사사했고, 전쟁이 싫어 치외법권인 상하이 프랑스 조계로 숨어들어 징병을 피했다. 그는 프랑스 조계의 러시아발레단에서 활동했다.

전후 일본으로 돌아간 고마키 마사히데는 일본 최초로 〈백조의 호

김순정의 발레
인사이트

1. 고마키 마사히데 안무 〈코펠리아〉 공연 포스터 2019.11.30
2. 동경신주쿠 문화센터, 2019

수〉 전막을 올리고, 〈니치링〉이라는 창작발레를 안무하는 선도적 위치에서 일본 발레계의 중추적인 역할을 했다. 20세기 초 러시아 혁명을 피해 타국으로 망명한 러시아인들에게 직접 발레를 전수받은 일본 발레에 비해 한국 발레는 상당히 늦은 출발을 할 수밖에 없었다.

고마키 마사히데(1912~2006)는 디아길레프가 결성한 발레뤼스의 레퍼토리인 〈목신의 오후〉, 〈세헤라자데〉를 한국에 처음 소개하고자 안무 및 연출가로서 1983년 여름 장충동에 위치한 국립발레단(단장 임성남)에 왔다. 당시 나는 국립발레단 신입단원이었고, 역사적으로 의미 있는 이 두 작품에 출연하면서 몽환적인 드뷔시 음악과 니진스키의 안무, 이국적 환상이 가득한 림스키코르사코프의 음악 그리고 포킨의

<세헤라자데〉 끝나고 기념촬영.안무 고마키 마사히데, 국립발레단, 1983
사진 가운데 고마키 마사히데, 왼쪽 허규 극장장, 우측 샤리알 왕 역 임성남, 조베이다 역
최태지, 김명순, 김명순 위로 오달리스크 역의 필자

김순정의 발레
인사이트

매혹적인 안무에 매료되어 있었다.

고마키 마사히데는 확고한 자신감에서 나오는 예술가로서의 고집도 강했지만 안목이 높아 캐스팅을 비롯한 모든 면에서 매서울 정도로 정확하다는 인상이었다. 마침 일본발레협회 회장 백성규는 임성남 단장의 스승으로 최태지의 한국행을 적극 지원하였다. 최태지의 첫 한국 데뷔무대도 바로 이때 이루어졌다. 〈세헤라자데〉의 주역은 최태지(김명순과 더블캐스트)와 김종훈, 〈목신의 오후〉는 정복화와 남상열이었다. 지도위원이 보통 배역을 정하는데도 불구하고 고마키 마사히데는 신입단원이었던 나를 〈세헤라자데〉 4명의 오달리스크와 〈목신의 오후〉의 님프 중 한 명으로 뽑았다. 자신감이 부족했던 나는 그 상황이 부담스러웠지만 고마키 마사히데가 강력하게 주장하여 좋은 배역으로 무대에 설 수 있었다. 지금도 그때를 떠올리면서 고마키 마사히데에게 고마움을 느낀다. 그러던 중 2019년 11월 30일 도쿄 신주쿠 문화센터에서 고마키 마사히데 안무의 〈코펠리아〉를 보았다. 지금은 고마키 마사히데의 조카가 발레단을 이어가고 있다.

고마키 마사히데의 이력을 떠올리며, 근대 한국사가 겹쳐졌다. 출간되자마자 읽은 조선희의 《세 여자》, 이전에 읽은 손석춘의 《아름다운 집》, 《코레예바의 눈물》 덕분이다. 그중 오래전부터 기억하던 이름 주세죽(1901~1953)을 발견하고 더욱 기뻤다.

예술가를 꿈꾸며 식민지였던 조선을 떠나 상하이 프랑스 조계의 음악학교에 유학한 주세죽은 주변의 기대와 달리 피아노를 버리고 사회주의자가 되었고 박헌영과 결혼한 후 모스크바 유학을 했다.

주세죽과 박헌영 그리고 그들
의 딸 박 비비안나, 1929

　주세죽과 박헌영의 딸인 박 비비안나는 부모의 품이 아니라 제3세
계 혁명가들의 자녀가 다니는 스타소바 보육원에서 성장했고 이후 러
시아 모스크바 모이세예프무용단의 무용수이자 교수가 되었다. 모스
크바 중심부 챠이콥스키홀에서 열리는 모이세예프무용단 공연을 보
던 중 카레이스키 타녜츠(한국춤) 2인무를 보며 궁금했던 의문도 그 사
실을 알게 되면서 풀렸다.

　허나 주세죽은 조선인의 밀고에 의해 친일 스파이로 몰리고 중앙
아시아의 집단농장으로 유배되어 1938년부터 유형수가 되었다. 주세
죽은 딸에게 영향을 줄까 봐 복권이 된 후에야 모스크바의 딸을 보러
갔지만, 공연을 떠난 딸을 보지 못한 채 모스크바의 한 병원에서 폐렴
으로 한 많은 삶을 마감한다.

　주세죽의 삶과 죽음이 안나 파블로바(1881~1931)의 〈빈사의 백조〉
와 중첩되어 머릿속을 어지럽혔다. 조선이 아닌 유럽의 어딘가에서

김순정의 발레
인사이트

<〈빈사의 백조〉 안나 파블로바, 부에노스아이레스, 1919>

태어났다면 그녀는 예술가로 살다 갔을까? 안나 파블로바가 조선 땅
에서 태어났어도 과연 〈빈사의 백조〉가 만들어질 수 있었을까? 나는
체케티를 스승으로 또한 포킨과 같은 대 안무가를 동급생으로 두었던
안나 파블로바와 그를 둘러싼 예술적 환경을 늘 부러워했다.

　생상의 음악에 포킨이 안무한 〈빈사의 백조〉는 단 5분이다. 그러나
발레역사에서의 존재감은 엄청나다. 이토록 처절한 작품이 다시 나올
수 있을까? 러시아 영화 〈안나 파블로바〉를 보면 1905년 〈빈사의 백
조〉 안무는 당시 황제의 군대인 백군에 저항하던 군중들의 고뇌를 춤

1. 〈빈사의 백조〉 안나 파블로바, 부에노스아이레스, 1919
2. 엔리코 체케티와 안나 파블로바, 상트페테르부르크, 1907

에 담았다는 것을 알 수 있다.

고전발레의 대명사인 안나 파블로바는 시대의 흐름에 예민했다. 새로운 춤의 혁명가인 이사도라 덩컨의 춤과 사상을 강렬하게 인식했고 자신의 예술에도 받아들이게 된다. 독립적으로 활동하기 위해 마린스키발레단을 떠났고, 디아길레프의 발레뤼스와 활동하다가 2년 뒤부터 독자적인 길을 걸었다는 것은 대단한 용기와 결단이 아닐 수 없다.

또한 항공여행이 없던 1910~1920년대 전 세계 순회공연 실적은 실로 대단한 일이며 그녀가 뿌린 발레대중화의 공로는 지대하다.

김순정의 발레
인사이트

안나 파블로바가 1911~1931년까지 살았던 런던의 아이비하우스를 방문한
그리가로비치와 베스메르트노바 부부, 1981

안나 파블로바의 〈빈사의 백조〉는 클래식발레의 기준으로만 평가
하면 뭔가가 부족해 보인다. 현대의 발레리나들은 어떻게 하면 아름
답게 보일지 연구한다. 그래서 마르고 길고 예쁜 무용수들만이 〈빈사
의 백조〉를 춘다.

그때마다 나는 마음이 불편하다. 오히려 안나 파블로바의 오래된 영
상에서 보는 그녀의 춤이 더욱 마음에 들어온다. 조화롭지도 일견 아름
다워 보이지도 않지만 파블로바는 분명 자신만의 춤을 추고 있었다.

외국의 작품과 안무를 가져오기만 하는 발레수입국에서 적극적으
로 창조하는 발레 생산국이 되기 위해서는 보다 창조적이고 과감한 도
전이 있어야 한다. 그러기 위해서는 무용수들에게 스스로 자기 자신을
보다 적극적으로 표현할 수 있는 환경을 만들어주어야 할 것이다.

불새

희망의 다른 이름

　탄핵, 문화계 블랙리스트 등 우울한 상황과 뉴스들이 이어지다가 2018년 붉은 닭의 해가 시작되고 입춘과 대보름이 지난 어느 날 전준혁이 로열발레단에 입단하게 되었다는 기쁜 소식을 들었다. 로열발레단에는 재일교포 발레리나 최유희가 한국인 최초로 2003년 입단하여 여성 제1 솔리스트로 활동하고 있다.

　최고의 무대에서 활약하는 한국인 무용수를 보며 떠오른 작품이 있었다. 닭은 날개가 있음에도 지상에서만 생활한다. 반면 발레무용수는 날개가 없으면서도 언제나 새처럼 날아오르는 희망을 품고 노력하는 아름답고도 모순적인 존재다.

　100여 년 전 파리오페라극장에서 초연된 발레 〈불새〉의 이미지가 머릿속을 헤집고 들어온다. 사전에 의하면 불새는 슬라브 민담에 나오는 빛나는 새로, 잡는 사람에게 축복과 파멸을 모두 가져다준다. 그

김순정의 발레
인사이트

불새 역 마야 플리세츠카야와 이반 왕자 역 니콜라이 파데예체프. 볼쇼이 발레단

렇기에 불새는 제 역할을 다한 후에 머무르지 않고 반드시 떠나야만 한다.

작품에 등장하는 불새 역시 악마를 쫓아 버리고 왕자와 공주를 재회하게 하며 마법에 걸린 이들을 다시 인간으로 돌아오게 하는 등 많은 이에게 행복을 나누어주고 인간세상을 떠나 훌쩍 어디론가 날아가 버리는 신비로운 존재다. 발레 초연이 성공하는 예는 극히 드문데 〈불새〉는 예외적으로 큰 성공을 거두었다. 한국에서는 아직껏 포킨의 〈불새〉가 공연된 적은 없다.

발레뤼스에 의해 1910년 6월 25일 탄생한 불새의 이미지는 고전 발레가 보여주곤 하는 의인화한 새가 아니었다. 그야말로 야성이 살아 있는 날 것, 인간의 손길이 닿지 않은 자연의 존재를 실감나게 보여주고 있어 지금도 관객을 불편하게 하는 경우가 많다.

이반 왕자와 아름다운 공주, 마법사 카스체이를 피해 황금사과를 주우며 밤에만 자유로울 수 있는 길고 흰 옷을 입은 처녀들 그리고 갑자기 나타난 신비로운 불새. 불새는 할 일을 다하고는 빠른 회전의 춤을 추어 사람들에게 행복을 나누어 준 후 커다란 날개를 치며 어디론가 날아가 버린

이반 왕자 역 미하일 포킨, 불새 역 타마라 카르사비나, 발레 뤼스, 파리, 1911

다. 축복 속에 파멸의 원인이 깃들기 전에 서둘러 가 버리는 현인과 같이 말이다.

당시 스트라빈스키의 비범한 재능을 단번에 간파한 디아길레프의 작곡 의뢰에 의해 〈불새〉는 탄생되었다. 원시주의와 민족주의적 낭만주의 음악경향을 지닌 스트라빈스키는 디아길레프의 작곡 제안을 받고는 바로 수락을 했다. 그 이유는 포킨의 새로운 안무가 주는 예술적 도취감에 사로잡혔기 때문이다. 발레작품을 만드는 내내 음악과 발레의 두 천재는 모든 것을 의논해가며 이어갔다고 한다.

반면 러시아 황실발레음악에 익숙해 있던 무용수들은 스트라빈스

불새 역 마야 플리세츠카야, 이반 왕자 역 니콜라이 파데예체프

키가 만든 리듬의 어려움에 적잖이 당황하였고 안무가 포킨의 낯선 조형적 움직임에도 거부감을 느꼈다. 그리고 불새 역을 맡은 발레리나만이 토슈즈를 신고 나머지 배역들은 맨발이거나 부츠를 신고 나온다. 음악의 난해함으로 불새 배역을 거절한 유명 발레리나 안나 파블로바 대신에 무명이었던 타마라 카르사비나는 포킨과 함께 초연무대에 올라 성공적으로 배역을 해냄으로써 일약 스타덤에 오른다.

타마라 카르사비나(1885~1978)는 니진스키의 파트너로서, 포킨의 연인으로서, 당대 최고의 무용가로 명성을 날렸다. 재미있는 일화도 있다. 1912년생인 전설적인 피겨스케이팅 스타였던 소냐 헤니는 공식경기에서 한 번도 엉덩방아를 찧은 적이 없는 완벽한 선수로 기억

불새 역 카르사비나, 이반 왕자 역 볼름

되는데, 어린 시절 카르사비나를 개인 코치로 두고 있었다고 한다.

거침없는 표현력과 기량을 지닌 소냐 헤니의 1945년 영상을 보면 가히 놀랄만하고, 그것을 통해 마린스키발레단의 프리마 발레리나였던 카르사비나의 역량을 미루어 짐작할 수 있다. 한국의 피겨스타 김연아도 한때 캐나다의 전설적 발레리나 이블린 하트에게 코치를 받았다는 사실도 생각해보자. 발레는 모든 움직임에 안정감과 미감을 선사해 주는 기본이 아닐까!

카르사비나와 볼름의 사진을 보면 고전발레와 사뭇 다른 포즈와 분위기라는 것을 알 수 있다. 수직적 이미지가 아니라 수평적인 몸의 놓임은 일견 동양적인 분위기를 풍기며 기존의 미학과는 다른 디아길레

1. 카르사비나의 불새를 표현한 화가 수데이킨의 그림
2. 불새 의상 초안, 레옹 박스트의 그림

프 사단이 이루고자 하는 융합예술 나름의 지향점을 보여주고 있다.

　이렇듯 많은 것이 새로웠던 〈불새〉의 초연 성공은 스트라빈스키, 포킨 외에도 의상의 골로빈, 박스트, 지휘자 피에르네를 결집시킨 디아길레프의 예지력 있는 기획 덕분이라고 할 것이다.

결혼

눈으로 음악을 듣다 - 신고전주의 발레

예전에는 극장에서 조는 사람들을 이해하지 못했다. 그런데 언제
부턴가 속도감 있고 화려한 발레를 보는 중에도 졸고 있는 나를 발견
했다.

러시아 마린스키발레단의 〈지젤〉을 보면서도, 크레믈린 극장에
〈잠자는 미녀〉를 보러 가서도 거의 혼수상태로 졸다가 나온 경험이 있
다. 잠자며 피로회복을 할 장소를 제공해주니 고맙기도 했지만, 피곤
한 사람에게 잠자기 편한 의자를 제공해주는 곳이 극장일 이유는 없
었다. 문제는 피곤함이나 푹신한 의자가 아니라 새로움이 없는 진부
한 작품들에게 있지 않을까!

극장은 잠자거나 쉬는 곳이 아니라 잠들어 있던 우리의 의식을 일
깨워주는 곳이어야 한다. 극장에서 일하는 예술가는 의식을 깨워주는
일을 하는 사람들이다. 아름다움, 불편한 진실, 상상 속의 세계 등을

김순정의 발레
인사이트

통해 나를, 우리를 각성 시켜주는 작품을 만나는 곳이 극장이 되어야 한다.

한국인 최초로 2016년에 세계적 권위의 맨부커상을 받은 소설가 한강의 귀국인터뷰 중에 "깊이 잠든 한국에 감사 드린다"라는 말에 묘하게도 부끄러운 생각이 들었다. 그 말의 의미가 단지, 지구 반대편에 있는 한국이 수면시간이어서는 아닐 것이다. 나는 그 말이, 개개인이 깨어나기를 바라며 한 말이라는 생각이 스쳤다. 그러면서 떠오른 인물이 바로 브로니슬라바 니진스카(1891~1972)였다.

현대무용가 중에는 피나 바우쉬, 마사 클락 등 걸출한 여성 안무가들이 많지만 발레안무가들을 살펴보면 대부분이 남성이다. 그렇기에 더욱 브로니슬라바 니진스카의 존재감은 무시할 수 없다. 무용 감상시간에 성신여대 발레 전공 대학생들과 니진스카 안무의 〈결혼〉을 DVD로 본 적이 있다.

영국 로열발레단에서 발레 뤼스 100주년을 기념하는 공연으로 새롭게 제작된 것이다. 사람들이 흔히 가지는 결혼에 대한 막연한 낭만적 환상을 여지없이 깨 버리는 작품을 보면서 난감해하던 학생들의 표정을 잊을 수가 없다. 이유를 알고 싶다면 유튜브로 감상하기를 권한다.

니진스카는 무용의 신이라 불리는 바츨라프 니진스키의 동생으로 러시아 황실발레학교에서 체케티와 포킨에게 사사받았다. 그녀는 발레학교를 수석 졸업하고 마린스키발레단의 군무진 무용수가 되었다. 이후 발레 개혁자이자 안무가인 포킨의 작품에 출연을 하여 호평을 받으며 주목받았고, 새로운 예술에 대한 혁신자이자 발레를 국제적 예술형태로 만드는데 공헌한 디아길레프는 안무가 마신의 후임으로 심원한 예술가적 기질을 지닌 니진스카를 점찍었다.

오빠 니진스키가 마린스키극장에서 해고되었을 때 그녀는 강력한 항의의 표시로 안전한 삶을 제공해주는 황실극장을 바로 사임해버렸다. 그러고는 프랑스로 가서 디아길레프의 발레 뤼스에 합류하였다. 이후 정신병원에서 삶을 마감한 니진스키와는 달리 세르쥐 리파르, 로젤라 하이타워, 프레데릭 애쉬톤 등 수많은 제자들을 육성하며 발레의 확산에 크게 기여했다. 개인적인 불우함도 있었지만 장수했다.

러시아 발레단이란 뜻의 발레 뤼스Ballets Russes(1909~1929)의 유일한 여성 안무가, 니진스카는 직접 세익스피어의 희곡을 각색하여 스스로 "햄릿"역을 맡기도 한 당찬 예술가였다. 디아길레프는 만약 딸을 갖는다면 그녀처럼 다재다능한 딸을 갖고 싶다고 했다던가.

니진스카는 정형화된 고전발레의 규칙을 바꾸려 하였지만 그렇다고 이사도라 덩컨의 모던댄스를 추종하지는 않았다. 니진스카는 동작을 짜맞추거나 구성을 하는 단순한 안무가라기보다는

브로니슬라바 니진스카의 마린스키극장
교육 이수 기념 사진, 1908

사회의 흐름을 감지해서 작품에 담을 줄 알았던 보다 거시적인 안목
을 지닌 공연연출가에 가까웠다.

오래전 러시아에서는, 결혼날짜를 받으면 신부가 될 여자가 집 밖
으로 나가서는 안 되고 결혼 날까지 슬픈 노래를 계속해서 불러야 했
다고 한다. 니진스카의 〈결혼〉(초연. 1923)은 신부가 될 여인이 개인으
로서의 삶을 마감하고 다른 공동체의 일꾼이자 일원으로 귀속되는 상
황을 차분하면서도 역동적으로 보여주고 있다.

신부의 어머니가 표정은 없지만 절제되면서도 어둡고 슬픈 움직임
을 보여주는 장면이 인상적인 것은 니진스카의 개성적인 연출과 안무
때문이다. 우리에게도 의식을 깨워주는 니진스카와 같은 여성발레안
무가의 출현을 기대한다.

마침 신문(2019년 2월 9일)에 국립 발레단의 신예 안무가 강효형에

브로니슬라바 니진스카 안무의
〈결혼〉 리허설 장면.
몬테 카를로 극장, 1923

마린스키극장에서 공연한 <결혼>의 한 장면

대한 기사가 실렸다. 강수진 단장이 강효형을 발굴해서 작품을 국제무대에 소개하고 최근작품을 외국에 팔기도 하는 등 국제흐름에 발맞추어 나가는 활약이 두드러진다. 국립발레단과 같이 재정적으로나 인재 수급면에서 앞서가는 단체에서 차세대 안무가를 적극적으로 지원 육성하는 것은 바람직하며 나아가 당연히 해야 할 의무이기도 하다.

김순정의 발레
인사이트

Ballet

4장
열정과 개성 그리고
풍성한 볼거리

현대발레

•
•
•

파리의 불꽃 / 로미오와 줄리엣 / 신데렐라

오네긴 / 스파르타쿠스 / 카르멘 조곡

안나 카레니나 / 마농

현대발레는 로맨틱 발레의 환상과 신비도 고전발레의 마임과 디베르티스망도
모두 안고 있기도 하지만 한편으로는 그것들에서부터 벗어나 새로운 감각으로
예술가들의 개성적인 표현을 추구하는 형식으로 발전한 발레를 말한다.
젊음과 패기가 분출되는 강렬하고 활달한 춤을 통해 현대인의 생각과 감성을
담아낼 뿐만 아니라 연극, 민속무용, 심지어 서커스까지도 적극적으로 받아들이며
한층 볼거리를 풍성하게 만든 발레이다.

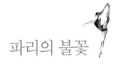

모든 것은 대가를 치른다

루이 16세와 마리 앙트와네트가 등장하여 근엄하게 계단을 내려오고 신하들은 정중하면서도 우아하게 머리를 조아린다. 더할 나위 없이 호화롭고 장중한 의식이다. 이어서 루이16세가 무대 가운데로 나와 춤을 추기 시작한다.

조금 전의 위엄은 간 데 없고 우스꽝스러운 자세와 움직임을 거리낌 없이 보여준다. 뒤를 이어 신하들도 왕과 똑같은 자세와 움직임을 하느라 정신이 없다. 복사한 듯이 모두 일사불란하게 춤을 춘다.

모든 것이 획일화되고 복종하는 권력의 속성을 단숨에 보여주는 이 장면을 발레에서 볼 수 있다는 사실을 아는 사람들은 많지 않다. 신음하는 민중의 고달픈 삶과 대비되는 귀족들의 질펀한 향락을 적나라하게 보여주고 나면 왜 그들이 들고 일어날 수밖에 없었는지를 느끼게 된다.

〈파리의 불꽃〉은 프랑스 시민혁명이 왜 일어날 수밖에 없었는지를 단순하면서도 설득력 있게 춤으로 보여준다. 그리고 그 시대를 만들어낸 많은 사람들의 삶을 사실적이며 역동적으로 그리고 있다.

소치 동계올림픽이 한창이던 2014년 겨울 모스크바에서 볼쇼이 발레단의 〈파리의 불꽃〉 전막을 봤다. 보고 싶었던 이반 바실리에프와 나탈리야 오시포바가 주연이 아닌 점이 아쉬웠지만 (유명 무용인들은 소치에 차출되었기에) 좀처럼 보기 힘든 대작을 본다는 기대와 흥분으로 막이 열리기만을 학수고대했다. 무용수로부터 차근차근 정도를 밟아 올라간 러시아인 안무가 알렉세이 라트만스키의 무대는 언제나 기대 이상이었다.

〈파리의 불꽃〉은 1932년 11월 7일 프랑스 파리가 아닌 구 소련 레

루이16세 역 게나디 야닌과 마리 앙트와네트 역 류드밀라 세메냐카(사진 엘레나 훼티소바)

잔느 역 나탈리아 오시포바와 필립 역 이반 바실리에프(사진 엘레나 훼티소바)

닌그라드 키로프극장(현재의 마린스키 극장)에서 바실리 바이노넨 안무에 의해 초연되었다. 당시 소련에서는 1917년 러시아의 10월 혁명이 프랑스 시민혁명의 정신을 이어받아 일어난 것으로 평가하고 있었다. 초연을 한 이듬해인 1933년 볼쇼이발레단에서 상연되었을 때에는 유명한 발레리나 마리나 세묘노바가 평민을 사랑했다가 비극을 맞는 귀족의 딸로 출연한 기록이 있다. 이 작품은 한동안 잊혔다가 2008년에야 다시 개정안무를 통해 세상에 나올 수 있었다.

무대가 열리면 앙시엥 레짐(구체제(舊體制))에 저항하는 시민군과 왕의 군대가 대치하는 18세기 후반의 파리에 살고 있다는 느낌이 들 정도로 생생한 현실이 눈앞에 펼쳐진다. 제롬과 잔느 남매가 주인공인 〈파리의 불꽃〉을 얼마 전 무용감상론 수업 시간에 학생들과 함께 DVD로 다시 보았다.

김순정의 발레
인사이트

융합전공과목이라 무용전공은 물론 예술경영, 미디어영상연기, 실용음악, 메이크업디자인 전공 학생들도 함께였다. 학생들의 반응은 "뮤지컬 같아요" "레미제라블 보는 것 같은데 더 감동적이에요" "발레인데 구두를 신고 나오기도 하네요?" "발레가 이렇게 재미있는 줄 몰랐어요" 등이었다. 〈파리의 불꽃〉은 발레에 대한 편견, 고정관념을 뛰어넘었다.

〈파리의 불꽃〉은 발레가 사회에 대해 직접적으로 발언할 수 있음을 보여주는 동시에 다양한 형식으로 확장되며 발전함을 보여주는 작품이다. 엄혹한 시기에 발레는 과연 무엇을 할 수 있을까? 내가 대학생이었을 때에도 그런 생각을 했었다. 그만둬야 할까? 사회에 더욱 필요한 무엇이 있지 않을까? 하지만 발레 〈파리의 불꽃〉을 당시에 접했더라면 발레를 한다는 자부심을 가슴 깊이 지니고 더욱 매진할 수 있었을 것도 같다.

엔도 슈샤쿠(1923~1996)는 《회상: 엔도 슈샤쿠의 인생론》에서 "사랑의 제1원칙은 버리지 않는 것"이라 했다. 인생이 마냥 유쾌하고 즐거운 것이라면 인생에는 굳이 사랑이 필요 없다. 인생이 고달프고 추한 것이기 때문에 이를 버리지 않고 어떻게든 살아보려고 발버둥을 치는 것이 인생에 대한 사랑이라고 그는 말한다.

나만이 아니라 모든 이들이 발레를 포기하지 않고 끈질기게 추구한 결과 지금 한국의 발레는 세계적인 수준으로 오르고 있다. 세상이 아무리 요동을 쳐도 예술은 그 자체로서 의미가 있고, 다양한 방식으로 사회에 공헌할 수 있는 것이다.

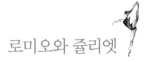

로미오와 쥴리엣

죽음을 뛰어넘는 사랑의 매혹

2016년 10월, 유니버설발레단은 53세의 발레리나 알렉산드라 페리를 초청해 케네스 맥밀란 안무의 〈로미오와 쥴리엣〉을 무대에 세웠다. 파트너는 아메리칸발레씨어터 수석인 에르만 코르네호이다.

마사 클락 연출의 〈쉐리〉를 통해 알렉산드라 페리의 근황을 확인하고, 무척 반가워했던 터라 그녀의 공연이 더욱 기다려졌다. 정식 은퇴는 이미 했지만 페리의 모습을 보기 원하는 관객들이 있는 한 그녀는 무대로부터 자유로울 수가 없었을 것이다. 두근거리는 마음을 안고 객석에 앉아 페리의 달라진 모습을 상상하며 기다렸다. 드디어 예술의 전당 무대에 등장한 알렉산드라 페리는 전성기의 모습은 이미 아니었지만 특유의 섬세한 발등라인에서 나오는 미학적 움직임이 여전했다. 또한 케네스 맥밀란의 뮤즈로 불리웠던 독특한 아우라와 더불어 연기력에 원숙함이 더해져 전성기보다 오히려 그 느낌이 잘 살

김순정의 발레
인사이트

아났다.

발레리노에 비하여 발레리나의 수명은 일반적으로 길다. 특히 호흡이 잘 맞는 발레리노의 지원을 받는 경우 발레리나의 무대 수명이 20년이나 늘어나는 경우도 있다.

마고트 폰테인의 경우가 그렇다. 해외에 진출해 성공한 발레리나가 발레리노에 비해 많은 것은 국내보다 외국의 발레리노 인력 풀이 질적 양적으로 우수하다는 이유도 무시할 수는 없다. 남녀를 불문하고 나이가 들어서도 꾸준히 활동을 이어 가는 무용수들의 남다른 노력은 주변 환경, 운을 떠나서 그 자체만도 박수를 받아야 한다.

하지만 클래식 무용수를 50세 넘어 하는 것은 몇몇 예외를 제외하고는 확실히 무리다. 마리우스 프티파가 후기에 천착했던 아카데믹한 고전주의는 너무나 엄격해서 기준을 채우지 못하는 것은 용납을 하지 않는다.

그럼 지금도 활동하고 있는 무용가들은 뭐냐고 물을 수 있다. 가능한 방법은 있다. 드라마틱 발레 장르에서 수명을 연장시키는 것이다. 그 예로 이미 은퇴선언을 한 강수진의 〈오네긴〉, 실비 기엠의 〈마르그리뜨와 아르망〉 등을 들 수 있다. 로미오와 쥴리엣도 연기력이 앞서야 하는 드라마틱 발레로 마고트 폰테인은 46세에 초연을 했다.

셰익스피어 원작 〈로미오와 쥴리엣〉은 영화로 처음 만났다. 중학시절 명동의 한 극장에서 본 영화에는 청초한 올리비아 허시가 나왔다. 영화의 주인공들은 감정을 숨기지 못하고 느낌을 그대로 행동으로 옮기는 10대 시절의 위험하지만 진실된 열정을 가감 없이 보여주

로미오 역 누레예프와 쥴리엣 역 마카로바, 1973 (사진 J.Walton)

1. 줄리엣 역 린 세이모어, 로열발레단
2. 로미오 역 누레예프,
   줄리엣 역 폰테인, 1965

고 있었다.

특히 로미오와 줄리엣이 주고받는 감미로운 대사들을 잊을 수가 없다. 발레는 언어 대신 춤으로 나타내야 하므로 표현이 더 어렵기는 하지만 한편 더욱 효과적이기도 하다. 세르게예프, 마이요, 노이마이어 등 여러 안무가들이 안무를 하였으니 비교해보는 것도 좋겠다.

케네스 맥밀란이 안무를 한 〈로미오와 줄리엣〉(1965)은 마고트 폰테인과 루돌프 누레예프가 초연을 했다. 맥밀란은 영국 로열발레단의 최초 자국 출신 예술감독 겸 안무가였다.

원래 캐스팅은 린 세이모어와 크리스토퍼 게일로 정해졌으나 폰테인과 누레예프의 유명세에 밀려 초연을 하진 못했다. 개인적으로 린 세이모어의 팬이라 아쉬운 대목이다. 린 세이모어에게는 순수하고 어린 유년의 감성이 온몸과 표정에 담겨있기에 아마 그녀가 초연을 했더라면 더 잘 어울렸을 것이다.

1980년대 후반 영국 옥스포드에 살면서 이탈리아 여행을 할 때였다. 겨울에 작은 차를 타고 영국에서 페리로 프랑스에 건너가 스위스 국경을 지나 이탈리아 북부로 가는 계획을 세웠다. 처음 간 곳이 베로나, 바로 줄리엣의 가상 무덤이 있는 곳이다.

대규모 오페라 공연도 자주 이루어지는 고풍스러운 중세도시 베로나를 보면서 셰익스피어가 만들어 낸 소설 속의 인물들이 살아 숨 쉬는 우리 곁의 친구로 여겨지게끔, 환상을 일상으로 병치시킨 그들의 예술적 전통과 혁신적인 실천에 부러움을 넘어 시샘이 일어났던 기억이 있다.

지금도 어디에선가 로미오와 쥴리엣과 같은 순수한 사랑이 주변 사람들이나 사회적 인습 등 다양한 이유로 방해를 받거나 좌절되는 경우는 무수히 많다.

　맥밀란의 안무 특징은 이상과 환상의 세계가 아닌 바로 우리가 살고 있는 생생한 현실을 보여주기에 어느 순간 섬찟 놀라게 된다. 이 가을, 로미오와 쥴리엣의 매혹적 사랑이 인간 내면의 광기와 폭력성에 의해 어떻게 스러지는지 조심스레 지켜보고자 한다.

신데렐라

사랑의 선물 그리고 어미 거위 이야기

2015년 유월의 마지막 날 나는 러시아를 향해 출발했다. 기내에서 요즘 신작영화가 무엇인지 살펴보다 〈신데렐라〉를 발견했다. 신데렐라 이야기는 여전히 유효한지 궁금해하며 보기 시작했지만 얼마 안가 중단했다. 대신 40대 중년 남녀의 이야기 〈위 아 영〉을 공감하며 보았다. 신데렐라는 왠지 예전처럼 혼자서 몰래 봐야 할 것만 같았다.

동화적인 판타지보다는 현실적인 일상에 마음이 먼저 간다. 동심이 주는 순수함과 믿음을 그대로 가지고 있을 나이는 이미 아니다. 신데렐라가 연상시킨 이런저런 생각을 하다 보니 어느 새 비가 내리고 서늘한 모스크바 세레메티예보 공항에 도착했다.

새로운 고속도로가 공항에서 시내까지 생겨 이전보다 빠르게 이동할 수 있었다. 양 옆으로 빽빽하게 들어찬 숲을 보며 모스크바가 세계에서 1인당 녹지면적이 가장 높은 도시라는 것을 실감했고, 그런 숲을 가로지르는 고속도로를 달리며 깊은 숲에 살던 동물이나 초자연적인 힘을 가진 어떤 존재들이 조금씩 우리 곁에서 밀려나는 것 같기도 하여 아쉬웠다.

울창하고 검푸른 숲을 보니 왠지 어린 시절의 무수한 꿈과 몽상들이 떠올랐다. 그 시절 보았던 어린이잡지 〈어깨동무〉, 〈새 벗〉이 그리워진다. 한국 아동문학의 아버지 소파 방정환(1899~1931). 천도교 손병희 선생의 사위였던 방정환이 일제강점기인 1921년 일본유학을 하던 중 우리 어린이들을 위한 책이 전혀 없는 것을 안타까워해서 펴낸 외국동화 번역집 《사랑의 선물》에 〈산드룡의 유리 구두〉가 실려 있었다.

자연스레 신데렐라의 원작자인 샤를 페로(1628~1703)가 궁금해졌다. 프랑스의 부유한 귀족 집안에서 태어났고 당시 최고의 교육을 받은 페로는 23세부터 변호사로 일했고, 베르사이유 궁의 설계에도 종사했으며 루이14세의 재무장관 콜베르의 비서직으로도 일했다.

가난했던 콜베르가 상점직원에서 은행원으로 발탁되었던 유명한 이야기는 그의 정직하고 솔직한 품성에 기인한다.

그런 콜베르의 비서를 수행했던 페로의 성품도 짐작이 간다. 콜베르가 죽자 페로도 비서직을 잃게 된다. 그의 나이 이미 67세였다. 곧 아내를 잃은 페로는 어린이들을 위해 헌신하기로 하며 펴낸 책이 민담을 엮은 〈어미 거위 이야기〉(1697)다. 이 안에 〈신데렐라〉, 즉 〈상드룡 혹은 작은 유리 구두 이야기〉가 실려 있다.

발레음악 중에서 가장 좋아하는 작품을 꼽으라면 나는 주저없이

1. 볼쇼이 발레단원 배주윤과 국립발레단 주역 강준하의 〈신데렐라〉, 국립발레단, 1997
2. 볼쇼이 발레단의 전 프리마돈나 스트루치코바의 신데렐라

김순정의 발레
인사이트

작곡가 프로코피예프의 〈신데렐라〉(1944)를 택한다. 이 음악으로 자하로프(1945), 세르게예프(1946), 애쉬턴(1948), 마기마랭(1985), 누레예프(1986), 마이요(1999) 등 수많은 안무가들이 신데렐라 이야기를 자신의 방식으로 해석해 새롭게 창조해 왔다. 프로코피예프의 음악은 안무가나 무용가의 상상력을 최대한 발휘케 하는 거대한 미궁과도 같은 힘을 지녔다.

희극적 요소, 극적 연기, 봄, 여름, 가을, 겨울 요정들의 고전적인 춤, 행복한 결말 등은 발레 〈신데렐라〉가 가지는 최고의 장점이며 이러한 이유로 안무가들의 도전의식을 불러일으킨다. 꿈과 희망을 주는 장치로 발레만한 것도 없을 듯하다.

지도교수 스트루치코바 교수와 필자, GITIS대학 연습실, 2000.

1997년 국립발레단이 자하로프 안무의 〈신데렐라〉 공연을 올렸다. 주역으로는 배주윤, 김지영, 강준하, 이원국. 〈신데렐라〉 무대를 보면서 아련하게 기억나는 장면이 있었다. 어린 시절 비디오로 본

GITIS대학 발류킨 학장(뒷 줄 가운데),스트루치코바 교수및 교수진과 학생들,
캐릭터 댄스 시험 후,맨 앞 줄 가운데 필자, 2000

스트루치코바(1925~2005)의 춤이었다. 그녀의 〈신데렐라〉를 닳도록
보며 어린 시절을 보낸 나는 신데렐라가 주는 교훈을 삶 속에 자연스
럽게 받아들였을지도 모르겠다.

　라이사 스트루치코바는 그렇게 내가 마음 속에 간직하고 있었던
발레리나였다. 그녀를 직접 만난다는 것은 꿈에도 생각을 못했다. 앞
에서 이야기했듯이 나는 마흔이 되어 뒤늦게 러시아로 유학을 갔다.
그리고 러시아국립무대예술대학교, 즉 GITIS에서 수학을 하였다. 그
때 나는 백발이 된 라이사 스트루치코바를 발레교수법 수업시간에 만
나게 되었다. 그녀는 GITIS의 종신교수였으며 첫 1년간은 나의 지도
교수였다. 그녀는 내가 러시아를 떠난 후 3년 뒤인 2005년에 80세로
눈을 감았다.

늘 제 시간에 와 계셨고 불편한 몸으로도 시범을 보였으며 기본이 좋지 않은 학생들에게는 엄하고 단호했다. 무서운 선생님으로 소문나 있었지만 내게는 어린 시절 보았던 〈신데렐라〉의 주인공 모습 그대로 였다. 스트루치코바의 80회 생일기념 공연 〈돈키호테〉가 볼쇼이 극장에서 올려졌고 제자인 니나 아나니아쉬빌리가 키트리 역으로 나왔는데 공연 전 발코니에 있던 스승 스트루치코바에게 꽃다발을 선사하였다. 이어서 그녀의 업적을 기리는 영상과 사진을 보여주고 수많은 무용수들이 무대에 나와 감사의 세레머니^{ceremony}를 한 뒤 공연이 시작되었다.

신데렐라가 우리에게 준 것은 무엇일까? 단순한 꿈과 희망이었을까? 그보다는 시련을 겪거나 소중한 구두 한 짝을 잃는 한이 있더라도 일단 용기 있게 무도회장안으로 들어가는 것이 중요하다는 것을 신데렐라는 일깨워준다. 자신이 그토록 만나보고 싶은 실체가 바로 그곳에 있기 때문이다. 흔히 왕자로 상징되곤 하는 진실 혹은 믿음 말이다.

오네긴
강수진과 한국발레의 미래

2016년 어느 일요일 아침 펼쳐 본 신문에는 현역 은퇴를 선언한 발레리나 강수진의 슈투트가르트발레단에서 가진 〈오네긴〉 고별무대 기사가 크게 실려 있었다.

국립발레단의 예술감독 강수진은 명실상부한 한국발레의 아이콘이다. 그녀만큼 미디어의 세례를 많이 받았던 발레인은 찾기 힘들다. 데뷔에서 은퇴에 이르기까지 이렇듯 열렬하게 주목받는 경우는 국내만이 아니라 세계적으로도 흔하지 않다.

한 명의 예술가를 사랑하고 존중해주는 환경 속에서 마지막까지 빛날 수 있었던 것은 강수진의 개인적인 복이면서 동시에 미래에 펼쳐질 한국발레에 대한 축복이자 상징적인 선례라고 할 수 있다. 이후 봇물 터지듯 들려오는 해외진출 한국인 무용수들의 성공적인 행로는 곧 도래할 한국발레의 비상을 예견하는 듯해서 뿌듯하다.

김순정의 발레
인사이트

1. 공연 후 단원들과 관객들의 박수를 받고 있는 강수진(사진제공=슈투트가르트 발레단)
2. 강수진의 마지막 공연 〈오네긴〉 (사진제공=슈투트가르트 발레단)

    강수진은 1986년 슈투트가르트발레단의 군무 단원이 되었다. 나는 당시 국립발레단의 4년차 프리마 발레리나였다. 대학을 졸업한 1983년에 단원이 되었고, 1984년 〈백조의 호수〉 전막으로 주역 데뷔를 했으며, 1986년 아시안 게임 기념 창작발레 〈춘향의 사랑〉, 1987년 4월〈노틀담의 꼽추〉 초연 후 1987년 말이 되어서야 영국유학을 갔다. 1988년 전까지는 일반인의 해외여행이 자유롭지 않았기에, 외국의 발레비디오를 섭렵한 것 외에는 해외경험이 전무했다.

    임성남 단장은 내가 해외콩쿠르에 나가기를 원했으나 몇 개월 차이로 나이 제한에 걸려 나가지 못하게 되어 무척 아쉬워하셨다. 그 시절에는 지금처럼 영재교육이 자리 잡기 전이라 대학졸업 후 발레단에 가는 것이 일반적인 생각이었다.

    반면 어려서부터 혹독하게 훈련해 온 무용수들의 무대수명이 의외로 짧다는 것은 고려해봐야 한다. 나는 아직도 간간이 무대에 서는 행운을 누리고 있다.

    2년간의 영국유학 후 돌아와서 다시 국립발레단 주역으로 활동하다가 1992년 대학에 자리 잡았다. 강수진과 한 무대에 선 것은 1997년 〈노틀담의 꼽추〉 재공연이었다. 내가 초연할 때 맡았던 에스메랄다 역을 강수진이 맡고 나는 에스메랄다의 어머니 아그네스 역을 맡게 되었다. 강수진은 짧은 일정 때문에 나의 초연(1987) 비디오를 미리 보고 순서를 외워서 한국에 왔었다. 늘 허리에 털실로 짠 쇼올을 감고, 발목 워머를 꼭 끼고 연습하던 강수진의 침착하며 조용한 모습이 지금도 떠오른다.

김순정의 발레 인사이트

강수진의 마지막 공연 〈오네긴〉(사진제공=슈투트가르트 발레단)

20대 후반 영국유학에 이어 마흔에 두 번째 유학을 결심한 것은 어린 시절부터 러시아 문화와 발레에 경도되었기 때문이다. 일본 유학 시절부터 러시아 정교를 믿었던 외할아버지의 영향이 있었는지도 모른다.

1999년부터 러시아에 살면서 푸쉬킨 부부와 아이들이 살았던 집에 여러 번 가 보았다. 방마다 다른 색 벽지로 치장된 푸쉬킨의 집은 이제 고풍스러운 박물관이 되어 많은 방문객에게 생생한 당시의 느낌을 전한다.

푸쉬킨의 여러 문학작품은 발레와도 친숙하다. 1980년대 중반 즈음 마르시아 하이데가 추었던 〈오네긴〉을 비디오로 본 적이 있는데 춤에 집중하느라 무대배경이 러시아라는 생각을 미처 하지 못했다. 러시아 유학을 한 후 강수진의 〈오네긴〉을 보면서 아! 〈오네긴〉이 러시아 이야기였구나 하는 뒤늦은 자각을 한 것이다. 그리고는 2014년 러시아에서 러시아무용수들이 추는 〈오네긴〉을 보게 되었다. 당연히 감동이 다를 수밖에 없었다.

슈튜트가르트 발레단의 〈오네긴〉을 마지막 무대로 현역에서 은퇴한 강수진(사진제공=슈투트가르트 발레단)

김순정의 발레
인사이트

독일에서 활동한 한국인 발레리나 강수진의 대표작이 영국 출신 안무가 존 크랑코가 안무한 러시아 대문호 푸쉬킨의 작품 《예브게니 오네긴》이라는 것은 여러 면으로 의미가 있다. 음악 또한 차이코프스키의 다양한 음악들을 편곡한 것으로 마치 〈오네긴〉을 위해 작곡되었다는 느낌마저 갖게 한다.

이렇듯 발레BALLET라는 예술은 세상의 모든 것들이 하나의 용광로 안에 섞여 전혀 새로운 형태와 빛깔, 그리고 향기를 지닌 보석으로 제련되는 과정임을 보여준다.

알렉산드르 푸쉬킨이 《예브게니 오네긴》을 통해 그리고 싶었던 것은 러시아의 미래였을까? 강수진이 〈오네긴〉을 마지막 작품으로 선택한 이유는 무엇일까? 그 역시 미래를 바라보고 싶었을까? 사랑했기에 미련은 남을지언정 현재의 나를 직시하고 단호하게 과거의 나와 결별을 고하는 여주인공 타치아나, 그리고 강수진의 모습에서 한국발레의 밝은 미래를 보게 된다.

스파르타쿠스
가늘게 떨리는 어깨 위에 놓인 손

러시아는 한여름이라도 습도가 낮아 쾌적한 느낌을 준다. "할로드니 보르쉬"라는 꽃분홍색 냉국을 들이 킬 때처럼 목 안으로 밀려드는 시원함이 러시아의 쾌청한 날씨를 연상하게 한다. 그것에 필적할만한 즐거움은 단연 러시아의 아름다운 극장 환경이다.

극장 내부는 물론 외관이 주는 시각적 즐거움과 함께 질 높고 다양한 프로그램이 오감을 만족시킨다. 2004년, 상트페테르부르크 뮤직홀에서 레오니드 야콥손Leonid Yakobson(1904~1975) 안무의 〈스파르타쿠스〉를 보았다. 백야(白夜)기간에 이루어진 여름날의 공연은 지금까지 내가 러시아에서 보았던 발레공연을 통 털어 단연 최고였다.

전설적인 발레리나 나탈리아 마카로바가 2층 로열 박스에 앉아 관람을 하고 있는 광경이 더욱 감흥을 더했다. 소련 시절 키로프발레단의 주역무용수였던 마카로바는 발레단의 고리타분한 레퍼토리에 염

김순정의 발레
인사이트

1. 프리기아 역의 모이세예바, 야콥손 안무
2. 레오니드 야콥손의 석고상 (얀손 마니제르 1962년 작품)

증을 느끼고 서방으로 망명한 용감한(?) 발레리나의 전형이기도 했다. 그녀는 야콥손의 작품에 출연한 경험을 가슴에 품고, 그를 추모하기 위해 먼 곳에서 날아왔다. 그녀와 같은 마음으로, 야콥손을 기억하는 수많은 관객의 숙연한 행렬도 깊은 인상을 남겨주었다. 그날의 공연은 안무가 야콥손 탄생 100주년 기념 〈스파르타크〉(러시아식 발음,1956년 초연) 즉, 스파르타쿠스였다.

　1990년대 중반 당시 내가 재직하고 있던 동덕여대에 교환교수로 와있던 러시아 발레교수들과의 대화 속에 빈번하게 등장하곤 했던 인물이 바로 야콥손이었다. 난생 처음 들어보는 생소한 이름에 호기심이 날로 커져갔다. 어느 날 학교 MT를 간 교외의 건물 앞에서 야콥손에 대하여 오랫동안 상세히 들을 수 있었다. 아름다운 체형과 외모의 러시아인 교수 류드밀라 말기나는 바가노바발레학교를 졸업한 뒤에 한동안 야콥손의 '발레 미니어처' 발레단 단원으로 활동하였다. 말기나는 그 시절을 회상하며, 보통 발레에는 5가지 발의 자세가 있는데 야콥손은 완전히 다른 6번 자세나 중성적인 이미지의 조형적인 동작 등을 단원들에게 요구했다면서 직접 시범을 보여주었다. 따라 해 봤지만 쉽지 않았다.

당시 소련 발레계 실력자였던 바가노바는 야콥손의 천재성을 인정했지만 개인적으로는 좋아하지 않았다. 야콥손이 유태인이라는 사실 또한 부정적으로 작용하였다. 오래전, 일본을 통해 구했던 발레비디오 〈스파르타쿠스〉는 1976년에 제작된 필름이었다. 이때의 안무가는 야콥손이 아니라 우리나라에도 잘 알려져 있는 유리 그리가로비치였다.

상트페테르부르크 문화대학
류드밀라 말기나 교수와 함께,
동덕여대 교수시절, 1998

김순정의 발레
인사이트

이 비디오로 〈스파르타쿠스〉(1968년 초연)를 처음 만났다.

노예 검투사가 주인공인 발레라니! 상당한 충격을 받았다. 아르메니아에서 태어난 작곡가 하차투리안은 그루지아, 우크라이나, 아제르바이잔, 우즈베키스탄 등 남부 러시아와 근동의 음악유산을 모아 리듬과 색채감이 풍부한 작품을 만들어냈다. 억압을 뚫고 자유를 갈망하는 노예들의 처절한 저항과 반란을 그리는 발레 〈스파르타쿠스〉는 나의 좁은 발레 세계의 범위를 확장시켜주었다.

1956년 초연 이후에 1962년 야콥손이 다시 〈스파르타쿠스〉를 안무하면서 마야 플리세츠카야를 등장시켜 전례 없는 대성공을 거두었다. 마야 플리세츠카야가 토슈즈 아닌 샌들을 신고 추는, 프리기아의 애절한 솔로를 보며 자연스럽고도 묘한 매력을 느끼게 됐다.

야콥손의 〈스파르타쿠스〉는 확연히 달랐다. 모든 등장인물의 캐릭터가 하나하나 살아 움직였고 그들이 무슨 말을 하고자 하는지가 관객에게 고스란히 전해졌다. 그리고로비치의 작품에서는, 스파르타쿠스가 전장으로 가기 전 프리기아를 찾아가는데 슬픔에 젖은 연인이 과도한 곡예적인 움직임을 하고 있다. 그것이 과연 그들의 진짜 마음이었을까? 어쩌면 관객이 박수를 칠 수밖에 없도록 만드는, 기교에 의존하는 안무, 연출이 아닐까? 그리고로비치의 안무, 연출에 동의하기 힘들었던 나는 야콥손의 안무, 연출 작품을 보며 감탄했다.

거의 움직임이 없는 두 연인. 너무나 힘들게 참고 있어서 가늘게 떨리는 프리기아의 어깨에 가만히 손을 대는 것밖에 할 수 없는 스파르타쿠스. 관객들은 숨죽이며 울고 있었다. 나 역시 주체 없이 흐르는 눈

1. 1962년 야콥손 안무 〈스파르타쿠스〉에서 에기나 역을 맡은 르이젠코를 형상화한 작품
   (얀손 마니제르 조각 1963년 작품)
2. 볼쇼이발레단 200주면 기념 엽서, 프리기아 역 막시모바, 스파르타쿠스 역 바실리예프,
   그리가로비치 안무

147

물을 닦을 생각도 못하고 있었다. 거의 움직이지 않으면서도 움직이는 것보다 더 큰 반향을 일으킬 수 있다는 생각을 이전에는 해 본적이 없었다. 내가 지향해야 할 발레의 원형이 야콥손의 작품 속에 있었다. 과유불급(過猶不及). 발레에서도 해당되는 진리이다.

카르멘 조곡

아바나의 춤, 아바네라

프랑스의 사실주의 작가 메리메의 주요한 문학적 원천은 스페인과 러시아였다고 한다. 푸쉬킨을 문학적 스승으로 여겼다고 하는 메리메의 작품에 등장하는 주인공들은 푸쉬킨 작품의 인물들처럼 냉혹할 만큼 강렬하고 열정적인 성격을 지니고 있다. 메리메의 주목받지 못한 단편소설 〈카르멘〉(1845)의 주인공인 카르멘 역시 자신의 욕망에 충실한 탓에 주변 사람들을 위험으로 내모는 열정적인 인물이다.

1876년 마드리드에 머물던 마리우스 프티파는 〈카르멘〉의 이야기가 발레에 적합하다고 판단했는지 1막 발레 〈카르멘과 토레로〉를 안무해 직접 춤추기도 했다. 하지만 발레 〈카르멘〉에 대중적인 관심이 모아진 것은 한참 뒤였다.

1875년 파리 오페라코미크극장에서 오페라로 각색된 〈카르멘〉 초연은 의외의 실패로 끝나버린다. 비운의 여파인지 3개월 뒤에 작곡가인 비제가 37세로 급작스럽게 세상을 떠난다. 비제의 죽음은 지지부진한 작품의 명성을 올리는데 기여했다. 점차 오페라 〈카르멘〉의 인기는 높아갔고, 오늘날에도 빈번히 상연되는 인기 최고의 레퍼토리가 되었다.

비제의 오페라 〈카르멘〉은 전 4막으로 구성되며 스페인 세비야 거리를 배경으로 이야기가 전개된다. 군인인 돈 호세, 담배공장 직공인 집시 카르멘, 투우사 에스카밀료가 주요 인물이다. 〈카르멘〉에는 주옥같은 곡들이 여럿 나온다.

그중에서도 "사랑은 길들여지지 않는 새처럼 스스로 다가오지 않는 한 불러 봐도 소용없지, 협박도 애원도 소용없는 일"이라는 가사가

〈카르멘 조곡〉 커튼콜, 안무 임성남, 카르멘 김순정, 돈 호세 문병남, 국립발레단, 1986

붙어있는 느릿느릿하면서도 독특한 액센트가 있는 2박자 춤곡 〈아바네라Habanera〉가 특히 유명하다.

쿠바의 수도는 아바나Havana인데, 아바나의 춤이라는 뜻의 아바네라는 쿠바에서 시작되어 스페인을 비롯해 전 세계에서 유행한 곡이기도 하다. 나는 국립발레단에서 〈카르멘 조곡〉(1986)의 카르멘 역을 맡아 춤 춘 이후 여러 번의 인연이 있었다.

최근에 이르기까지 오페라나 콘서트, 갈라 및 융복합공연 등에서 카르멘의 아바네라를 춤 출 기회가 여러 번 있었던 것이다. 노래가 있는 음악은 오히려 춤추기가 까다롭다. 노래나 선율을 따라가면 박자를 놓치기가 쉽기 때문이다. 제대로 배우기 위해 2015년 여름에는, 플라멩코의 대가 주리(1927~2019) 선생을 찾아가 배우기도 했다. 그런데도 다시 한번 제대로 배우고 싶은 열망이 샘솟는 것을 보면 〈카르멘〉 음악의 마력은 대단하다. 때마침 이윤정 선생 초청으로 2019년 10월에 한국에 온 하비에르 메일란Javier Meilan과 욜

주리 선생과 카르멘 아바네라 안무 연습중, 2015

<카르멘 조곡>의 마야 플리세츠카야

란다 산티아고Yolanda Santiago라는 스페인 무용선생들에게 배울 수 있
는 기회가 생겨 땅고스, 판당고, 구아이라를 영국과 러시아 유학 이후
다시 한번 차근히 기초부터 배우는 중이다.

발레 <카르멘>은 1949년에 롤랑 프티가 이끌던 파리 발레단에 의
해 런던에서 초연되었다. 롤랑 프티의 아내이자 예술적 동지였던 카
르멘 역의 지지 장메르는 모호하면서도 치명적인 중성적 매력을 풍기
며 한 시대를 풍미했다.

사내아이 같은 짧은 커트머리에 큰 입으로 활짝 웃음 짓는 순간, 마
법처럼 움직이는 그녀의 길고도 아름다운 다리의 선에 누구나 넋을
잃었다. 짧은 몸체에 긴 다리는 발레리나의 조건 중 첫째로 치는 장점

알롱소 안무, <카르멘 조곡>의 한 장면

이기도 하다. 지지가 보여준 3장의 침실장면은 걸작이라는 평가를 받았다.

또 다른 걸작 발레 〈카르멘 조곡〉은 1967년 러시아 무대에 등장했다. 소련 브레즈네프 서기장이 집권하던 시절 쿠바발레단이 모스크바에 와서 공연을 했다. 볼쇼이발레단의 프리마 발레리나 마야 플리세츠카야는 공연을 보고 직감했다.

공연이 끝나자 마야는 알롱소 부부에게 이전부터 생각했던 새로운 〈카르멘〉의 안무를 부탁했다. 편곡은 플리세츠카야의 남편이자 작곡가인 쉐드린이 맡아 비제 원곡이 지닌 가요성의 느낌을 현악기로, 무용성을 강조한 리듬은 타악기에 맡겨 둘의 성격을 강렬하게 대비시켰고 관악기를 배제하는 악기편성으로 음악을 완성하였다. 초연무대에서 43세의 플리세츠카야는 카르멘 역, 파데예체프는 돈 호세 역을 맡아 열연했고 곧 전 세계에 소개되며 대성공을 이루었다.

롤랑 프티의 〈카르멘〉과 알롱소의 〈카르멘 조곡〉은 지금도 공연되고 있다. 언제 보아도 시대를 뛰어넘는 인간 본연의 감수성과 함께 미세하고 상징적인 몸의 표현성에 놀라게 된다. 소설이나 오페라처럼 서사를 따라가며 줄거리를 나열해서 보여주는 방식이 아니라 발레 카르멘은 고도로 정화된 움직임과 온 몸의 표정 연기만으로도 인물의 성격을 효과적으로 보여준다. 두 발레 거장이 창조한 걸작을 기회가 될 때 꼭 감상하기 바란다.

안나 카레니나
낯선 여인의 걸음걸이

수업을 마치고 이른 저녁 집에 돌아왔다. 현관 우편함에 정갈하게 꽂혀 있던 〈춤〉지 500호 기념호를 보았다. 반갑게 꺼내 품에 안고 집에 들어와 축하 반 설레는 마음 반으로 펼쳐 보았다.

근래 들어 밤이 길어지고 있어 좋다는 생각을 하던 차였기 때문에 1966년 전혜린이 쓴 〈밤이 깊었습니다〉라는 육필 원고 속 "우리들 인간은 너무나 불완전하기 때문에 밤이 절실히 필요 합니다"라는 구절이 눈에 들어왔고 지친 나의 몸과 마음을 부드럽고 포근하게 감싸주었다.

그러면서 오래전 자주 드나들며 위안을 받았던 모스크바의 트레치야코프미술관 주변 이국적인 밤풍경과 미술관에 전시되어 있던 검은 옷을 입은 여인의 모습이 떠올랐다.

트레치야코프미술관에는 발레리나 이다 루빈쉬타인과 안나 파블

김순정의 발레
인사이트

이반 크람스코이의 그림 〈낯선 여인의 초상〉, 1883

로바도 있어 반가웠다. 그러나 더욱 내 눈을 강렬하게 사로잡은 그림은 이반 크람스코이의 〈낯선 여인의 초상〉이었다. 최근 나온 책《소곤소곤 러시아 그림이야기》에도 나오는데, 제목은 〈미지의 여인〉으로 되어 있다. 책에는 안나 카레니나와 브론스키의 첫 만남에서 안나가 입고 있던 검은 벨벳드레스가 〈미지의 여인〉과 비슷한 느낌이라 했다.

《안나 카레니나》를 쓴 톨스토이(1828~1910)는 19세기 러시아문학을 대표하는 소설가이자 문명비평가, 사상가다. 한국에서는 1900년 즈음부터 최남선, 이광수 등에 의해 톨스토이가 소개되면서 병역거부와 국가주의에 대한 절대적인 반대 등 급진적인 사상은 배제된 대신

1. <안나 카레니나> 초연(1971) 안무, 출연 - 마야 플리세츠카야
2. 안나 카레니나 역 마야 플리세츠카야, 카레닌 역 파데예체프

비정치적 인격수양, 개량된 기독교 윤리와 같은 교양서로 읽히게 되었다고 한다. 톨스토이는 19세기 제정 러시아 시대의 농민과 귀족, 농촌과 도시, 토지문제, 농노제 등에 대한 깊은 성찰을 했고 자신의 소설에도 이를 반영하였다.

《안나 카레니나》에 나오는 인물 레빈은 톨스토이의 사상을 대변하는 것으로 평가된다. 결국 행복한 가정을 꾸리는 부부는 레빈과 키티이고 파국으로 치닫는 연인은 안나와 브론스키이다.

안나는 남편과 아이가 있는 상류층 여인이고 브론스키 백작은 귀족 장교이다. 안나의 올케 여동생인 키티는 브론스키를 사랑하여 레빈의 청혼을 거절했으나 안나의 등장으로 인해 브론스키가 자신을 모

김순정의 발레
인사이트

안나 카레니나 역
마야 플리세츠카야,
카레닌 역 파데예체프

른 체하자 심한 충격으로 병을 얻었다가 겨우 회복을 한다. 레빈은 귀
족이지만 농촌으로 가서 공동체를 일구었고, 키티로부터 한 번 거절당
했으나 키티를 잊지 못해 다시 찾아가 구혼을 하고 결혼에 성공한다.

《안나 카레니나》가 출판된 해는 1877년. 발레 역사로 본다면 같은
해에 〈백조의 호수〉가 모스크바에서 초연되었으나 실패했고, 〈라 바야
데르〉 초연은 당시 수도인 상트페테르부르크에서 성공을 했다. 《안나
카레니나》에도 나오지만 두 도시의 문화적 분위기는 상당히 다르다.

《안나 카레니나》는 안나와 키티를 비롯한 다양한 인간 군상의 심
리묘사가 쉽고도 자세히 나와 있어서 고전은 난해하다는 두려운 마음
을 버리고 두꺼운 책을 다 읽어낼 수 있었다. 인상적인 부분은 부부가

된 레빈과 키티가 서로의 불만과 생각의 다름을 대화를 통해 하나씩 좁혀 나가는 어렵고도 지루한 시간에 대한 치밀한 묘사였다.

또 하나 작은 부분이지만 안나 카레니나를 묘사할 때 걸음걸이의 매력을 중요한 모티브로 삼았다는 점에서 작가의 심미안이 남달랐다는 걸 알 수 있다. 걸음걸이를 보면 그가 어떤 사람인지를 알 수 있다고 생각한다.

톨스토이가 그린 안나 카레니나의 많은 것이 그가 묘사한 걸음걸이에 담겨 있다면 지나친 해석일까? 발레로 만든 〈안나 카레니나〉는 소설보다 걸음걸이나 행동으로 인물의 성격을 나타내는데 제격이라

안나 카레니나 역 마야 플리세츠카야, 브론스키 역 마리스 리예파, 1972

김순정의 발레
인사이트

고 판단된다.

한국에서 2017년 11월초 상연된 〈안나 카레니나〉 공연이 19세기 러시아 리얼리즘을 대표하는 톨스토이의 원작을 어떻게 그리고 있을지 사뭇 궁금했다. 그동안 쉐드린이 작곡하고 플리세츠카야가 안무한 1971년의 볼쇼이발레단 작품 〈안나 카레니나〉만 생각했다. 국립발레단에 의해 예술의 전당 오페라 극장에 오른 〈안나 카레니나〉는 독일 출신의 크리스티안 슈푹이 2014년에 안무한 작품이다.

슈푹은 2020년 2월 현재까지 스위스 취리히발레단의 예술감독이다. 슈푹의 〈안나 카레니나〉는 몇 년 전 모스크바의 스타니슬라브스키-네미로비치-단첸코극장 벽에 광고로 붙어 있기도 했다. 즉 까다로운 러시아 관객에게도 인정을 받았다는 것이다.

내친 김에 다른 안무가들의 〈안나 카레니나〉를 살펴보니 보리스 에이프만이 2005년에 안무한 작품이 있고, 알렉세이 라트만스키가 플리세츠카야의 안무를 새롭게 다시 안무한 적도 있다.

슈푹은 복잡하고 미묘한 심리를 지닌 인물들을 상황 속에 부각시키기 위해 인상적이고 효과적인 장치를 무대 위에 풀어 놓았다. 간결한 무대는 인물들의 성격을 나타내기에 효과적이었으나 무용수들은 의외로 연기나 기량에서 평면적인 수준이었다.

넓은 의미에서 무용수는 좋은 배우가 되어야 한다. 작품 전체를 이해하고 인물을 창조하기 위한 깊고도 지속적인 탐구가 요구되는 시점이다.

마농

이탈리아판 트리스탄과 이졸데

아베 프레보가 쓴 18세기 소설을 기초로 이탈리아 여인의 향기를 머금은 오페라 〈마농〉은 쥴 마스네 작곡으로 1881년 발표되었다. 이를 들은 푸치니는 마스네 작곡과는 다른 스타일의 작품을 구상하게 되었다.

1893년 2월 1일 오페라 〈마농 레스코〉의 첫 공연을 알리는 포스터

특히 여주인공 마농 레스코의 심리 묘사에 중점을 두어 마농의 가사 마디마다 오케스트라의 리듬, 속도, 악상의 지속적인 변화를 준 걸작 〈마농 레스코〉

김순정의 발레
인사이트

오페라<마농레스코>연출가 알도 타라벨라와 안무가인 필자,
예술의 전당 오페라극장 로비에서 ,2017

(1893)를 만들어내 베르디의 뒤를 이을 작곡가라는 칭송을 받으며 대중적으로도 큰 성공을 거두었다.

흔히 이탈리아판 〈트리스탄과 이졸데〉로 불리는 〈마농 레스코〉는 연인의 불같은 사랑, 고통, 죽음의 이야기를 담고 있다.

2017년 6월 9일~11일 예술의 전당 오페라극장 무대에 올려진 글로리아오페라단(단장 양수화, 연출 알도 타라벨라Aldo Tarabella)의 푸치니 작곡, 전 4막 〈마농 레스코〉의 안무를 맡게 되었다.

반주를 한 뉴서울필하모닉의 지휘를 맡았던 이탈리아의 마르코 발데리marco Balderi에 의하면 〈마농 레스코〉는 오케스트라와 가수에게 엄청난 난이도의 기량과 주의를 요구하기에 자주 상연하기 어렵다고 했다.

한국에서는 7년 만에 오페라공연을 하는 것이라고도 했다. 예술의 전당 연습실에 모여 제자들인 성신윈드발레단원 8명과 저녁마다 피

디아나 비쉬네바와 마르셀로 고메스의 마농 2인무

아노 반주에 맞추어 연습하며 안무를 한 후에 오케스트라와 맞추고 노래까지 더해지니 낭만적 스타일의 멜로디와 바그너 풍 웅장한 음악의 어우러짐이 환상적이었다.

노래 가사 한마디 한마디를 세심하게 들여다보면서 오페라가 이토록 아름답고 인간미가 넘치는 장르라는 것을 새삼 확인하고는 작업하는 내내 사랑에 빠진 사람처럼 마음이 설레었다.

당시 오페라 연습장면을 보면서 1978년 세종문화회관개관기념공연으로 열린 로열발레단 내한 공연 〈마농〉이 떠올랐다. 머얼 파크와 데렉 렌처가 주인공이었다. 요정처럼 가볍고 매력적인 머얼 파크의 마농 연기를 보며 탄식을 내뱉은 기억이 지금도 새롭다.

2011년 예술의 전당에서 서울국제무용콩쿠르가 열렸다. 1982년

김순정의 발레
인사이트

커튼콜, 마농 역 비쉬네바, 데그뤼 역 젤렌스키,
마린스키극장(음악 쥘 마스네, 안무 케네스 맥밀란), 2001

〈마농〉공연에서 데 그뤼 역으로 춤추었던 안소니 도웰이 서울국제무
용 콩쿠르 심사위원장이었고 그 공연실황을 본 나는 심사위원 자격으
로 만나게 되었다. 1994년에는 일본 세계발레 갈라공연에서 실비 귀
엠과 조나단 쿠페의 〈마농 2인무〉를 보면서는 할 말을 잃었다. 발레
작품을 보며 이렇듯 격한 감정을 가지는 일은 결코 흔치 않다.

　〈마농〉을 안무한 케네스 맥밀란은 문학작품을 발레화 하는데 재능
이 탁월했다. 〈마농〉을 비롯해 〈로미오와 줄리엣〉, 〈메이얼링〉, 〈시골
에서의 한달〉 등의 드라마발레는 탄탄한 대본과 함께 극적으로 안무
가 구성되어 하나같이 관객의 마음을 들었다 놓았다 하며 긴장을 늦
추지 않게 해준다. 문학작품은 시대를 비추는 거울이라 할 수 있고, 이
를 기반으로 만든 오페라와 발레는 시대를 뛰어넘는 보편적인 인간을
그려내며 관객의 사랑을 받게 된다.

발레 〈마농〉은 쥘 마스네의 음악을 편곡하여 1974년 영국 로열발레단에서 초연을 했다. 오페라 〈마농 레스코〉 첫 장면에서 마농은 아버지에 의해 수도원으로 보내진다. 만일 마농이 데 그뤼와 사랑에 빠져 도피하지 않고 수도원에서 일생을 마쳤더라면 어떻게 되었을까? 운명의 여신은 호락호락 하지 않다는 것을 발레 〈마농〉 역시 처절하게 보여준다.

미국 루이지애나 늪에서 목마름과 굶주림으로 죽어가는 마농과 사랑하는 연인을 위해 모든 것을 버리고 따라나선 데 그뤼의 비장하고도 관능적인 2인무는 발레의 표현력이 과연 어디까지일까를 생각하게 하는 명장면이다. 탁월한 기량은 기본이고 마농의 복잡미묘한 심리를 표현하는 연기력이 뒷받침되지 않으면 극사실주의에 가까운 작품 〈마농〉은 빛을 잃게 된다.

언제부터인가 한국에는 정통 발레작품으로 승부하기보다 몇몇 대중성을 획득한 스타의 유명세에 기댄 얄팍한 기획공연 등이 난무했고, 1, 2분 안에 승패를 가르는 콩쿠르가 예술이라는 허울을 쓰고 무차별적으로 쏟아져 나왔다. 게다가 병역특혜가 있는 국내외 국제콩쿠르에 대한 남자무용수들의 과도한 집착과 집중현상은 도를 넘은 지 오래다.

스마트폰을 보며 익힌 솔로 작품이 전막 발레의 어느 맥락에 위치하고 어떤 의미를 지녔는지 생각할 시간도 갖지 못한 채로 돌고 뛰는 기이한 현상을 보며, 길을 잃고 떠도는 마농과 데 그뤼의 〈마농〉 마지막 장면이 겹쳐 보이는 것은 나만의 기우일까?

김순정의 발레
인사이트

Ballet

5장

1980년대 국립발레단의 창작발레를 향한 열정

...

춘향의 사랑 / 노틀담의 꼽추

우리나라에 발레라는 말이 처음으로 사용된 것은 1928년 배구자(裵龜子)의 무용
발표회에서 였다.

그녀는 이 공연을 통해 미하일 포킨의 대표작 〈빈사의 백조〉를 소개한 것으로 알려져 있다.

그렇게 발레가 대한민국에 들어온 지 90년이 훌쩍 넘어 백 년이 가까워지고 있다.

그동안 대중적인 지지도 많이 받고 있고, 훌륭한 발레리나와 발레리노도 많이 양성되고

있지만 창작에 있어서 여전히 갈 길이 멀다라는 것에는 모두가 동의할 수밖에 없을 것이다.

여기에 소개하는 두 작품은 저자가 80년대에 참여하였던 국립발레단의 작품이다.

반추하면서 대한민국 발레의 미래를 보고자 한다.

춘향의 사랑

임성남의 창작발레

　　연낙재가 주최하는 행사에 갔다가 풍물 명인 정인삼 씨를 만나 임
성남 선생에 관한 일화를 들었다.

　　무용 장르 중에서 발레가 가장 뒤쳐진다고 질타하면 아무 말없이
고개를 숙이던 임성남의 모습이 떠오른다는 것이다. 지금은 한국에서
무용 중에 발레가 제일 잘 나가고 있기에, 섣부르게 말한 것이 후회가
된다는 말씀이었다.

　　언제인가 볼쇼이극장에서 〈맑은 시냇물Bright stream〉이라는 소비에
트 시절의 발레를 보게 되었다. 19세기 발레가 주를 이루는 레퍼토리
에서 생소한 작품 제목을 보고 더욱 반가웠다.

　　최초 안무는 발레 심포니의 창시자로 알려진 로뿌호프, 작곡은 그
유명한 쇼스타코비치. 게다가 초연 시 주역은 나의 대학원 논문 주제
였던 교수법의 대가 아사프 메세레르. 1935년에 만들어진 〈맑은 시냇

169

김순정의 발레
인사이트

볼쇼이발레단의 <맑은 시냇물> 프로그램(2015) 표지

물)은 집단농장, 즉 콜호스에서 일어나는 다양한 에피소드를 잘 배치하여 즐겁고 행복한 무대를 관객들에게 선사하는, 유쾌하면서도 화려한 작품이었다.

　스탈린 통치시절에도 사람들은 우리처럼 희노애락을 똑같이 느끼며 살았구나하는 의외의 느낌을 가지며 감상했다. <맑은 시냇물>을 보는 관객들의 행복한 표정을 보면서는 묘한 감정이 들었다.

의 화려한 무대, 첼랴빈스크, 볼쇼이발레단, 2019

러시아의 색채가 분명한 이 작품은 오래 전 〈페트루쉬카〉나 〈불
새〉, 〈곱사등이 망아지〉등에서 느꼈던 러시아 민속 음악의 화려한 색
채와 음률, 그러면서도 그 안의 연약한 인간을 느끼게 해주는 독특한
정서의 현대판 변용이었다.

임성남의 작품들이 떠오른 것은 〈맑은 시냇물〉을 보는 중이었다.
러시아 그것도 소비에트발레를 보면서 우리의 정서와 가락이 살아
있던 임성남의 발레작품들을 다시금 보고 싶다 생각하게 될 줄은 몰
랐다.

오래전 늘 외국의 발레를 선망하며 유럽에 나가고 싶어 하던 내게
그는 "아직도 발레를 몰라요?" 라며 극구 발레단을 떠나는 걸 못마땅

김순정의 발레
인사이트

해했다. 만류를 뿌리치고 2년간 영국으로 유학을 떠났다가 발레단으로 복귀했을 때, 마침 한국과 러시아의 수교(1990)가 이루어져 러시아 무용가들과 직접 교류하는 기회를 갖게 되었다.

한러 수교가 더 일찍 이루어졌더라면 우리 발레계는 지금과는 상당히 다른 모습을 하고 있을 것이다. 러시아 혁명(1917) 이후 일본에 러시아 무용가들이 정착해 가르친 일본 발레계에 비해 우리는 광복 직후 일본유학을 한 한동인, 정지수 등에 의해 서구 발레를 받아들였다는 태생적 한계가 있다.

한국인이 만든 최초의 직업발레단은 한동인의 서울발레단으로 1946년에 창단되었다. 그마저도 6.25 이후 월북, 납북 등으로 대부분

<춘향의 사랑> 관헌 장면, 춘향 역 김순정, 변학도 역 김성일, 국립발레단, 1986(사진 김찬복)

<춘향의 사랑>의 피날레 장면, 춘향 역 김순정, 이몽룡 역 문병남, 월매 역 김학자,
국립발레단, 1986 (사진 김찬복)

의 무용가들이 사라져버렸다. 그 자리에 일본 유학을 한 임성남이 등
장했다. 1972년 국립무용단에서 국립발레단으로 독립한 뒤 단장으로
취임한 임성남에 의해 한국발레의 큰 틀을 만드는 작업이 뒤늦게 이
루어졌다.

서울 아시안게임이 열렸던 1986년, 국립발레단은 춘향전을 발레로
만들어 공연을 했다. 제목은 <춘향의 사랑>. 대본 안무는 임성남, 음악
은 김희조. 내가 춘향이었고, 이도령은 문병남, 월매 김학자, 변학도
김성일, 향단 박경숙 등이었다. 임성남은 한국소재의 발레작품을 만
들고자 고군분투했지만 대중의 반응은 고전발레에 쏠려 있었다.

임성남은 당시 단원들에게 봉산탈춤을 배우고, 역사 및 미학강의

김순정의 발레
인사이트

임성남 초대 국립발레단장

도 듣게 했다. 우리의 장단과 춤사위를 모르고는 창작을 할 수 없다는 것이다. 당시에는 그런 생각을 받쳐주는 축적된 시스템과 단원들의 의식과 실력이 따라주지 못했는데 지금은 오히려 한국적인 창작발레가 필요하다는 말만 무성할 뿐 제대로 나오지는 않는다.

2015년 봄 조택원 선생 추모공연에서 그의 유작인 춘향전과 솔로인 방자춤 재연을 보았다. 멋과 위트와 해학이 듬뿍 담긴 건강하고 탄력 넘치는 춤에 감탄을 했다. 우리는 그간 잊고 있었다, 우리의 호흡과 아취를, 우리의 장단과 춤사위를 모르고 어찌 춘향전을 현대의 발레로 불러올 것인가를.

발레는 아름다운 형태만을 만드는 예술이 아니라 다양한 인간군상이 그려내는 희로애락은 물론 꿈을 보여주고 나아가 사람들에게 삶의 진정한 가치를 음미할 수 있게 해주는 예술이라 믿는다.

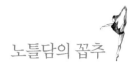

예술가의 덕목은 관점 혹은 태도로부터

　살다보면, 생각이 변화하는 결정적인 순간을 만나게 된다. 국립발레단 25주년 기념공연 〈노틀담의 꼽추〉를 상연한 1987년, 일본의 이시다 다네오를 안무가로 초청했다. 그리고 〈노틀담의 꼽추〉의 주인공 에스메랄다를 맡은 나는 대혼란을 겪게 되었다.

　게이오대학 미학과 출신인 이시다 다네오는 이제까지 보아온 무용인들과 분위기부터 사뭇 달랐다. 말이 별로 없었기에 그의 눈빛과 행동, 한마디 한마디에 더 집중하게 만들었다.

　임성남 단장은 "관객에게 최고의 수준을 보여줄 의무"가 있다며 5일간의 공연을 싱글캐스트로 결정했다. 요즘 같으면 있을 수 없는 일이다. 이시다 다네오와 모든 단원의 오전 연습은 10시에 시작되었다. 오후에는 꼬르 드 발레(군무진)부터 연습을 시켜 일찍 보내고 다음에는 솔리스트, 마지막으로 주역만 남겨 밤 늦게까지 리허설이 계속되었다.

1. 국립발레단 창단25주년 공연 〈노틀담의 꼽추〉, 에스메랄다 역 김순정, 페뷔스 역 김긍수, 국립발레단, 1987 (사진 최영모)
2. 에스메랄다 역 김순정, 콰지모도 역 문병남, 국립발레단, 1987 (사진 최영모)

이시다 다네오는 오랜 시간 리허설을 진행하면서도 전혀 피곤한 기색이나 흐트러짐이 없었다. 어느날에는 무대장치를 직접 미니어처로 만들어 오거나 피터 브뤼겔의 화집을 보여주며 작품의 이미지를 설명해 주기도 했다. 생전 처음 해보는 곡예에 가까운 고도의 기교들은 내게 심각한 부상을 안겨주었고 침과 진통제로 버티며 연습과 리허설, 공연을 감내해야 했다.

그러나 〈노틀담의 꼽추〉를 통해, 나는 심각한 육체의 고통도 잊을 정도로 발레에 대한 새로운 비전을 갖게 되었다.

10년 후인 1997년 재공연 시에는 트리플캐스트로 스투트가르트 발레단의 강수진, 바가노바학교를 졸업하고 돌아온 김지영, 국립발레

국립발레단 창단25주년 공연 〈노틀담의 꼽추〉, 고문당하는 에스메랄다(김순정), 국립발레단, 1987 (사진 최영모)

김순정의 발레
인사이트

국립발레단 창단25주년 공연 〈노틀담의 꼽추〉, 에스메랄다 역 김순정,
콰지모도 역 문병남, 국립발레단, 1987 (사진 최영모)

단 주역 최경은이 에스메랄다 역을, 이원국, 김용걸, 강준하 등 당대 걸출한 3대 발레리노들이 콰지모도로 출연했다.

나는 에스메랄다의 어머니 아그네스 역을 맡게 되어 감사하게도 이시다 다네오와 10년 만의 기쁜 해후를 하게 되었다. 그때 나는 동덕여대 교수로 재직 중이었다.

에스메랄다는 갓난아기 때 유괴되어 집시로 키워진 여인이다. 사제인 프롤로는 에스메랄다를 짝사랑하고 있는데 어느 날 꼽추 콰지모도를 시켜서 그녀를 납치한다. 이때 경비대장 페뷔스가 에스메랄다를 구해주고, 에스메랄다는 자신을 구출해 준 페뷔스를 사랑하게 된다. 한편 에스메랄다는 자신을 납치하려했던 꼽추 콰지모도를 불쌍히 여겨 형벌을 면하게 해주고, 콰지모도는 생전 처음 자신을 따뜻하게 대

국립발레단 창단25주년 기념 공연 〈노틀담의 꼽추〉,
에스메랄다 역 김순정, 프롤로 역 남상열, 국립극장, 1987 (사진 최영모)

김순정의 발레
인사이트

해준 에스메랄다를 연모하게 된다.

페뷔스는 에스메랄다와의 밀회를 프롤로에게 들키고, 프롤로는 질투심에 페뷔스를 칼로 찔러 중상을 입힌다. 프롤로는 현장을 재빨리 벗어나고 모든 죄는 에스메랄다가 뒤집어쓰게 된다.

위기의 순간 콰지모도가 에스메랄다의 목숨을 구해주지만, 에스메랄다는 페뷔스가 다른 여인과 약혼했다는 사실을 알게 되고, 체념한 그녀는 살인미수라는 죄명을 그대로 인정하고 형장의 이슬이 되기를 원한다. 자신의 말을 들으면 살려주겠다는 프롤로의 제안도 거절한다.

1막의 마지막, 종의 추를 상징하는 긴 줄을 타고 무대 좌우를 오가

국립발레단 창단25주년 공연 <노틀담의 꼽추> 포스터 앞과 뒤
이시다 다네오의 그림과 사인이 보인다

며 절규하는 콰지모도의 모습은 잊히지 않는 명장면이다. 또한 에필로그에서 산 자와 죽은 자들이 모두 오케스트라 피트로부터 무대로 걸어 들어가며 서로 얽히다가 일제히 관객을 돌아다보는 강력한 무언의 메시지는 압권이었다.

장치와 조명 또한 기품 있는 한 편의 그림을 보는 듯했다고 평론가들은 극찬을 했고, 나 또한 이 작품으로 발레가 인간에게 얼마나 깊은 울림을 줄 수 있는 예술인지 깨달았다.

오래 된 고전발레로 1844년 초연된 〈에스메랄다〉가 있다. 체자르 푸니의 음악, 쥴 페로의 안무였다. 〈지젤〉로 유명한 카를로타 그릿지가 에스메랄다, 쥴 페로가 시인 그렌과르, 코펠리아를 안무하기도 한

〈노틀담의 꼽추〉초연 후 발레단 야유회에서,
안무가 이시다 다네오와 단원들(필자 는 이시다 다네오 왼쪽 뒤)

김순정의 발레
인사이트

생 레옹이 페뷔스 역을 맡았다.

모스크바 유학시절 전막 〈에스메랄다〉를 스타니슬라브스키극장에서 보게 되었다. 이시다 다네오가 늘 얘기했던 작품이다. "나라면 다르게 만들겠다"라며 젊은 안무가 이시다를 고취시킨 발레 〈에스메랄다〉는 고상하고 아름다웠으나 진부했다. 유명한 롤랑 프티의 〈노틀담의 꼽추〉 작품을 내가 그다지 선호하지 않는 이유와도 비슷한 듯하다.

연극성이 강하고 유미주의적 전통이 살아있는 원조 〈에스메랄다〉보다 이시다 다네오의 창의적이며 생각할 여지를 던져주는 〈노틀담의 꼽추〉가 나에게는 더욱 감동적이었다. 〈노틀담의 꼽추〉에는 기존 발레가 보여주지 못한 인간에 대한 깊은 통찰과 연민이 배어난다.

김순정의
발레
인사이트

초판 1쇄 인쇄 2020년 5월 20일
초판 2쇄   2020년 7월 30일

지은이 김순정   편집 강완구   펴낸이 강완구   펴낸곳 써네스트   디자인 김남영
출판등록 | 2005년 7월 13일 제 2017-000293호   주소 | 서울시 마포구 망원로 94, 2층
전화 | 02-332-9384   팩스 | 0303-0006-9384   이메일 | sunestbooks@yahoo.co.kr
ISBN | 979-11-90631-07-5 (93680)

이 도서의 국립중앙도서관 출판예정도서목록(CIP)은 서지정보유통지원시스템
홈페이지(http://seoji.nl.go.kr)와 국가자료종합목록 구축시스템(http://kolis-net.
nl.go.kr)에서 이용하실 수 있습니다.
(CIP제어번호 : CIP2020018238)